商业模式大趋势

读懂商业模式趋势，占位未来商业风口

叶小荣◎著

中国商业出版社

图书在版编目（CIP）数据

商业模式大趋势：读懂商业模式趋势，占位未来商业风口 / 叶小荣著. -- 北京：中国商业出版社，2023.11
ISBN 978-7-5208-2715-7

Ⅰ.①商… Ⅱ.①叶… Ⅲ.①商业模式-研究 Ⅳ.①F71

中国国家版本馆CIP数据核字(2023)第222910号

责任编辑：杜 辉
（策划编辑：佟 彤）

中国商业出版社出版发行
（www.zgsycb.com 100053 北京广安门内报国寺1号）
总编室：010-63180647　　编辑室：010-83118925
发行部：010-83120835/8286
新华书店经销
香河县宏润印刷有限公司印刷

*

710毫米×1000毫米　16开　13.25印张　140千字
2023年11月第1版　2023年11月第1次印刷
定价：68.00元

****

（如有印装质量问题可更换）

前言

面向未来，重新结构化用户关系

20世纪的美国营销界有一句名言：用户需要的并不是一台钻孔机，他需要的只是墙上有几个孔。

这句话揭示了商业演化的一个必然趋势，就是从产品到服务。产品代表着用户需求，因为有了用户需求，才有了相应的产品。服务也代表用户需求，同样是因为用户需求而产生了必要的服务。

在过往的企业与用户的关系中，凡是用户需求都是必须满足的，且以最直接的方式满足。举个例子，过去我们都希望家里能有一辆车，这样出行才方便。于是，车企开足马力造车，流水线甚至昼夜不停。买了车的人，又希望能再买一辆更豪华的车，这样开起来才舒适安全。因此，车企会生产出各种档次的车以满足用户需求，大致可分为豪华车、高档车、中档车、买菜车。等到买了豪华车，又希望能雇人开车，这样既方便又能有效利用途中的时间，于是司机就成了一种专业性的工作。

但是，以上关于汽车和司机的用户需求的改变，变来变去都是围绕着

"用户只需要一台钻孔机"的思维进行。彼时企业与用户之间的沟通主要是单向的，企业向用户传递信息，而用户则被动接收。然而，随着互联网的兴起，用户的参与度逐渐提高，他们希望参与到产品和服务的开发中，深度表达自己的意见和需求。因此，打车软件出现后，原来买车需求的金字塔被彻底打翻，人们突然明白：原来我们要的不是一辆车，而是到达目的地。打车软件对于用户需求的解读，同时满足了使用车、使用豪华车、有人给开车和抵达目的地的多种需求，唯一不能满足的就是自己有辆车，但这一点还重要吗？

打车软件的出现与被迅速接受，是源于重新结构化用户关系，并在这个过程中看到了用户表层需求之下的深层需求。

用户需求的本质是什么？是如何最有效地让"用户"和"产品"发生连接。在过去的数千年里，充当了连接器的是"场"，从小场到大场，从线下的场到线上的场。就像打车软件制造的"场"，将用户从线下拉到了线上，有多种选项供用户选择。这是技术革命的必然，同时技术革命又是不断发展的，那么这是不是意味着在未来，"场"有可能会彻底消失，用户和产品将直接产生连接，使用户和产品产生连接的方式变得最直接、最高效？

商业模式的发展与技术发展和经济走势始终保持一致，什么样的技术就会推动什么样的经济大势，同样地，什么样的经济大势也会产生什么样的商业模式。用户关系的模式也在随着技术发展和经济走势而不断演变，传统的企业主导的双向沟通的用户关系模式已经不再适用，必须重新审视和调整用户关系，以适应未来的发展趋势和用户需求。

重新结构化用户关系的关键在于提供个性化的体验。借助人工智能和机器学习等技术，通过分析大数据和进行深入的市场研究，企业可以更好地了解用户的历史行为、兴趣偏好和价值观，并据此为用户量身定制推荐内容和建议。这样不仅可以提高用户的满意度，还可以增强用户对企业的忠诚度。

重新结构化用户关系需要拥抱多渠道和跨平台的交互方式。在移动互联网时代，用户可以通过多种设备和渠道与企业互动，如手机、平板电脑、社交媒体等，同时也通过用户生成的内容来扩大品牌影响力。因此，企业需要确保用户在不同的渠道和平台上都能够获得一致且无缝的体验。这需要技术和设计的无缝整合，使用户可以在任何地方都能畅享品牌带来的价值。

重新结构化用户关系还必须建立共创式的合作模式。众包和用户反馈的集体智慧可以帮助企业更好地理解用户需求，从而开发出更加符合市场需求的产品和服务。

未来的用户关系不仅需要考虑商业利益，还需要关注环境和社会责任。企业的社会使命和价值观与用户的共鸣将成为重要的因素。通过积极参与社会活动和可持续发展项目，企业可以赢得用户的尊重和信任，从而建立起可持续发展的用户关系。

在这个充满活力和变化的时代，企业需要从根本上重新审视与用户的关系，并采取创新性的方法来满足他们的需求。

面向未来，重新结构化用户关系是一个必须完成的任务。个性化体验、跨平台一体化、共创式合作以及可持续发展将是塑造未来用户关系的关键因素。只有不断创新和适应，企业才能够与用户建立起更为深入、紧密的关系，来共同迎接未来的挑战和机遇。

目录

第一部分　未来商业模式的基础思维

第一章　脱离常识的新商业模式 / 2

每个人都是产品定制者 / 2

利润从实物产品流向精神需求 / 6

好产品提供完整的话语逻辑和生活方式 / 11

没有互动娱乐精神做不好商业模式 / 16

做美做小一样媲美做大做强 / 19

像电影公司一样重组你的商业模式 / 22

第二章　用户是商业模式之锚 / 28

创造爽点就是掏用户兜里的钱 / 28

充分利用用户旺盛的表达欲 / 34

柔性化生产和用户正反馈是连体婴儿 / 40

让用户和产品一起成为话题引领者 / 45

稀缺思维带来在乎，潮玩思维带来风潮 / 48

让你的产品成为社交货币 / 54

用户是真正的幕后老板 / 57

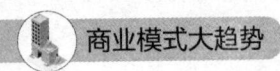

第三章 新营销就是一场剧本杀 / 62

互动是新商业模式的基础原则 / 62

剧本杀营销思维的体验完整性 / 67

让用户进入带情境的表演模式 / 70

用户期待自我完善和人格生成 / 73

产品是剧本杀中的一个道具 / 77

第四章 不确定性时代让人内省 / 81

涌现和跳变时代 / 81

一切模式都是暂时性模式 / 84

"专、精、特、新"引领未来商业模式设计 / 88

商业模式需要有慢下来的本事 / 93

卓越是商业模式设计的底线 / 97

第二部分 商业模式大场景设计

第五章 人与机器创造的新繁荣 / 104

围绕用户时间的实时响应机制 / 104

商业模式需要加装数据驱动引擎 / 107

设计你的人机创新模式 / 110

设计你的人机创意模式 / 113

你未来的老板是机器人 / 115

第六章 城市成为商业模式设计元素 / 120

企业必须学会在城市产业生态链中生存 / 120

工业互联网和五十公里全供应链 / 124

择城而居，地理即命运还在继续 / 128

抢占原产地品牌的红利模式已经开启 / 131

将城市作为一家公司来运营 / 134

第七章　消费互联网的叠加效应 / 139

智能合约和利益掠夺的终结 / 139

共享资产和协同消费模式 / 142

重新认识买手经济模式 / 145

网络化协同制造模式 / 148

消费品牌是代表消费者的最佳"买手" / 153

第三部分　未来商业模式大趋势和实践策略

第八章　小企业的全球数字化协作模式 / 160

公司 DAO 化，建立全球协作和服务模式 / 160

数字化的价值在于极大降低组织运营成本 / 163

高端服务业的全球化运营模式 / 165

多地栖息决定跨边定价战略 / 168

小企业的智能数据平台模式 / 172

手艺人、世家经济和全球化营销 / 178

第九章　大企业和小企业全球布局的共生模式 / 181

企业的价值取决于生态位 / 181

未来属于去中心化的超级生态平台 / 184

占据一个生态位模式 / 187

生态位低成本平替模式 / 189

小企业的全球跟随战略 / 193

在万物透明时代站着赚钱 / 197

后记 / 201

第一部分
未来商业模式的基础思维

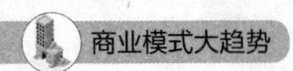

第一章　脱离常识的新商业模式

每个人都是产品定制者

问：消费者与产品的关系？

答：消费者只是产品的购买者。

这个答案没有错，无论是当前经济时代，还是过去经济时代，消费者都是产品的消费方。虽然企业很重视消费者的需求和反馈，但消费者能够与产品产生关联的机会只在产品开始售卖后。在产品制成之前的加工和设计阶段，甚至更早的意向阶段，是完全不与消费者产生关联的。

虽然在私人定制和奢侈品行业已经出现了消费者作为产品制成过程参与者的商业模式，但也仅限于特殊领域的特殊情况，其他领域的消费者对于产品的设计到生产完成基本没有发言权。

也许有人会说，企业会对消费者的需求进行调研，会对消费者的意见加以参考，会对消费者的反馈给予重视，难道这些不是消费者参与产品制成的证明吗？这些行为只能说明企业作为"中间人"在消费者与产品之间形成了联系，消费者与产品并没有直接产生关联。

因此，我们将这种旧有经济时代传承下来的消费者与产品的关系称为"浅度关联"或"末尾关联"，消费者不是参与者，只是顾客。

不过，随着互联网时代的到来，个人的声音可以被更多的人听到，个人的声音也逐渐有了力量，由个人的声音引发的流量时代也随之到来。现在任何企业都不会忽视消费者的声音，甚至消费者已经在某种程度上成了企业经营过程的间接决策者。各领域的企业都将生产建设过程中消费者的声音当作决策的依据，消费者可以深度参与到产品制成的过程中，于是消费者与产品的关系也悄然发生了变化。

问：消费者与产品的关系？

答：消费者是产品制成过程的参与者。

如果说曾经的商业模式是硬性的大规模生产，则当前的商业模式已经逐渐向柔性化小规模生产转变，而且在某些领域已经转变得相当深入。曾经的私人定制只是零星行业的零星行为，如今却已经成为主流行为。

在电商平台搜索"定制"，小到杯子、雨伞、衣服、鞋子、蛋糕、餐品，大到家具、家电、汽车，更有体检、健身、旅游、装修、婚礼等个性化服务，可谓"万物皆可定制"。这些平台店铺的背后直接或间接关联着无数大大小小的企业，都在为用户提供定制化服务。消费者一组又一组的定制需求形成生产指令后，一系列与之相关的企业都会行动起来，共同促

3

进特殊产品的制成。

定制是一种以消费者需求为导向的定制化商品生成模式，是满足消费者需求日益个性化、品质化、精准化的商业模式，折射出了生产与流通企业加快数字化转型、创新商业模式、让供需匹配更精准的时代特色。

对于企业而言，定制能够提高消费者黏性，降低库存、营销等中间环节成本，推动消费升级，增强企业盈利能力。

对于消费者而言，定制就是参与商品生成的过程，从过去的"我选商品"到如今的"我做商品"，消费者经历了从被动选择到主动形成的转变。

将消费者与产品深度连接，科技的发展不仅让这种商业模式成为可能，还是未来更为柔性化商业模式的坚实基础。通过大数据、云计算、人工智能等技术来对消费者的行为、需求、偏好等进行分析，通过5G、物联网、智慧城市、数字地球等大技术生态的相互依赖，个性化定制已经开始向消费者"产品化"的新商业模式迈进。当然这里的"产品化"不是让消费者变成产品，而是消费者与产品深度融合，成为产品产生过程的一部分。

当你打开抖音，你喜欢看的视频已经排好队等着你观看；当你打开京东，你正准备选购的商品会自动出现在屏幕上；当你打开网页，满屏都是你感兴趣的资讯，甚至连广告都是和你兴趣相关的……

这种根据消费者的兴趣爱好、地理位置、身份背景等一系列数据画像经系统分析优化后呈现出来的产品，已经超越了量身定制，在不知不觉中将消费者纳入产品范畴中。消费者与产品的关联性更深了，消费者与产品的关系再一次发生变化。

问：消费者与产品的关系？

答：消费者也是产品的一部分。

这个问题更准确的回答应是：每个人都是产品的一部分。这是个人与产品深度融合的必然结果，也是未来商业模式的大趋势之一。

将消费者同生产线深度联结在一起，互联网平台是不可缺少的媒介。国务院办公厅2022年发布的《关于进一步释放消费潜力促进消费持续恢复的意见》提出，畅通制造企业与互联网平台和商贸流通企业的产销对接，鼓励发展反向定制（C2M）和柔性化生产。

得益于现有互联网生态的完整，大规模社会网络协作效率提高，资源配置大幅度优化，组织结构正在演变。企业和消费者之间逐渐成为一种"共生"关系，你中有我，我中有你。企业通过产品和消费者相融，再通过消费者的推力升级产品，只要消费者在成长，产品就在"成长"，而消费者总是在成长的，故产品也在不断升级。

消费者的成长看似自然天成，其实更大的功劳要归功于企业的引导。苹果走的就是引导之路，史蒂夫·乔布斯，执着于"改变世界"，坚持不迎合消费者喜好，持续推陈出新，引领时代科技潮流。大量使用苹果手机的用户，都在不知不觉间成了产品的"代言人"，苹果的每一次出新，不仅是产品的迭代，同样也是用户期望值的迭代。

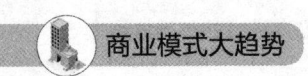

企业不能只是引导，还需要有一些迎合，让消费者感到身心愉悦。现在几乎所有知名互联网产品都在涉足算法推荐，这是最迎合人性的套路。小米偏向迎合，自诞生始就以互联网七字诀（专注、极致、口碑、快）为准则，和消费者一起玩。消费者很主动地扮演着小米的产品经理、测试工程师、口碑推荐人、梦想赞助商等各种角色，可以说参与到了小米品牌发展的各个细节当中。

从商业模式的角度解释，引导用户也称为教育用户，迎合用户也称为取悦用户。不论是引导还是取悦，都可以让消费者与产品形成一体。这种消费者产品化或产品用户化的趋势，正在开启未来新的商业模式。

利润从实物产品流向精神需求

利润是从产品的生产到销售的过程中实现的，是企业的经营成果，也是企业经营效果的综合反映。这是商业模式自出现后就未曾改变过的，未来也依然不会改变，利润仍然要从产品中来。但是，如何从商品中来，过去、现在和未来，却在不断发生着变化。

过去，在互联网时代之前，产品除了知识产权的无形资产形式外，都是有形的，利润是通过商品的买与卖的交易过程实现的。

现在，处于互联网时代发展的高峰期，有形产品的供应不再是问题，市场上每一类别的产品都会在极短时间内就出现若干竞争性同类产品,这意味着产品的技术含量与创意元素的追赶周期已经显著缩短,产品的符号体系与风格特征开始成为主导产品价值的核心要素,此时最为经典的产品已经不是有形产品了。

无形产品的类别越来越多,例如近些年火爆异常的短视频,具有产品的属性,却不具有传统意义上的产品形态。如今人们都知道流量的重要性,而能左右流量热度的是产品(无形)的内容质量,即内容是否能引发观众的共鸣,进而产生为内容点赞、关注、收藏、转发等一系列行为。

这种共鸣就是产品本身所蕴含的精神因素,从模糊和隐含逐渐清晰地浮现在人们的意识中。产品中的精神因素包括人们的生活观念、价值观、人性、社会责任,以及艺术性或创意性等。这些精神因素卓然于产品本身的功能、质量、外观、成本等之上。

未来,随着科技的持续快速发展,可以预见的是所有的东西都会变成另外的东西,都在流动和改变。这样一种流动是时常在发生的,正如凯文·凯利所说"一切产品都会变成服务流"。因此,在未来,越来越多物质商品的利润会趋近于零,甚至会免费,但满足人们精神需求和情感体验的产品利润则会趋向于无穷大。

未来最容易赚到钱的商业模式,是把柴米油盐酱醋茶装进琴棋书画诗词歌里,让物质需求与精神需求充分融合,既能够满足人们的物质需求,也能带给人良好的精神体验。其实,这种精神满足近几年已经越来越清晰地呈现出来了，比如有形的产品变成了无形的订购服务，过去在商场才能买到产品，现在在网上购买相应的服务，服务的一部分就包含了需要的产品。

用品牌建立和服务行业做对比会看得更加清楚。在品牌中附加精神因素是自品牌概念形成以来逐渐形成的，因此品牌本身即精神性质的事物。产品是明显的物质事物，但其本质正在转化为包含精神因素的事物。

现在，通过媒体宣传等手段，为一个品牌赋予"注重家庭"的生活观念是顺理成章之事，品牌形象即品牌自身是什么。例如，2023年4月戴森举办了"全程无忧"品牌体验坊，邀请媒体朋友体验其首款洗地吸尘器在真实家居环境中的使用效果，实力诠释让消费者使用无忧的产品理念。

那么"注重家庭"的生活观念如何附加或体现在产品中呢？需要在产品中附加实实在在的"注重家庭"的生活观念，就会出现这样的情景：在不做任何明显的"注重家庭"的广告宣传的提示和灌输下，仅仅是当人们想到它或使用它的过程中，心中便涌现出具有"注重家庭"生活观念的人才有的感受。仍以戴森吸尘器为例，它能够"满足中国家庭深度清洁需求"的产品价值，让用户联想到注重"家庭生活理念"，因此"我很喜欢"。

以上就是利用产品塑造品牌的过程，而不是以精神化的广告等手段塑造精神化的品牌的方式。这意味着，产品中的精神因素是真实存在的，它们会被已使用产品的用户和尚未使用产品的准用户感受到。

例如，一家为某种慢性病病人提供能够使其生活更好的食品的公司，因其产品的独特性和不可替代性，本可以借此提高产品价格，但他们并没有这么做，而是始终保持平价。如此，这家具有社会责任感的公司的做法，人们一定感受得到。

必须承认，消费者面对产品或服务，已经意识到了"我"不再是一个消费者或用户这样的一群人或概念，而是一个必须被尊重、具有独特生命意义的人。那些紧盯着实物产品利润的企业的暴利定价会惹恼"我"，会让"我"觉得"你"把"我"当成了傻瓜。在有形产品主导的时代，产品生产者拥有操纵市场的核心资源；在无形产品主导的时代，消费者的主权位置得到极大凸显。因此，商业模式发展的大趋势已经不是金钱和产品的物质因素问题了，而是转移到了消费者内心的精神领域。

精神因素和物质因素共同组成了产品，并且精神因素越来越重要，物质因素逐渐下降，直至完全消失。对于企业经营而言，产品仅仅是载体，不是最终目的。

"服务主导逻辑"有两个非常关键的论断：①所有的经济都是服务经济；②产品只是满足人们某种需求的载体。有了"产品只是载体"的意识变革，就会带来方法变革，即企业需要以用户体验为核心，考虑一系列因素来设计服务。

如果将系列考虑因素形成的序列称为"服务流"，那么消费者选择的就是适合自己的特定的"服务流"，产品只是包含在服务流中的一个组成部分。只有综合竞争力较强的"服务流"才可能成为消费者经常或理想的选择，这样的"服务流"一般须满足消费者的三种内在需求：

（1）消费者依赖最接近于自己的服务渠道，并希望该服务渠道对其要求作出更多的承诺与承担更大的责任。

（2）消费者日益拥有更多信息，越发需要最贴近自己的服务者以最快速、最灵活的方式对自己的物质化与符号化喜好作出反应。

（3）虽然消费者不希望承担很多的选择责任，但却希望服务是透明的，与服务者所掌握的信息是对称的。

在这样的需求下，依靠传统的产品营销方式成为经典产品品牌的机会变得微乎其微，更有发展能量的快速进化式的服务流品牌将成为主流，由此，对经典产品的评价也形成了四个新的关键概念：

（1）服务设计。将消费者洞察、技术进展、产品创新、渠道创新与服务行为创新等所有对产品精神因素有影响的要素进行一体化设计。

（2）短周期与透明化。中间环节的精减与提效，能够减少或排除对消费者获得信息与使用的障碍。

（3）全供应链管理。原料、产品、服务之间的割裂或分离度明显降低，上下游管理已全线渗透。

（4）对称型营销。营销既针对服务者也针对消费者，要同时帮助服务者找到最佳消费者，帮助消费者找到最佳服务者。

面向未来的商业模式，一切产品都会变成服务流，一切的生意最终都是服务生意。企业经营，绝不应再围绕产品打转，而是要布局服务层面，做到真正的"以用户为中心"，力争让消费者感受到超越满意的惊喜。

世界上最高明的行为模式影响人的方式，是让大家活在希望里，而不是活在现实里，这是商业的最高境界。企业经营的基本境界，就是把消费者从现实状态带到理想的状态，让他们因为产品、服务或者品牌，内心得到某种抚慰。这就是商业的底层逻辑，是未来企业得以持续存在和发展的根本原因。

好产品提供完整的话语逻辑和生活方式

互联网有两个时代，一个是人工套路互联网，一个是机器套路互联网。

人工套路互联网好理解，就是由人来根据用户喜好进行推荐，精准程度、覆盖面和量级都没办法保证，只能是尽量做到最好。但这种还是低效推荐的模式已经远远超过非互联网时代的单纯广告效应了，缩短了量变到质变的时间跨度。

机器套路互联网则是由机器完成根据用户喜好的推荐过程，覆盖面大，量级无限，且精准度高，基本上打破了量变到质变的传递过程，直接就可以产生质变。

为什么人们宁愿花几个小时连续刷短视频，也很难静下心来花半个小时读一篇长文？因为短视频都是贴近个人喜好的，稳、准、狠地抓住了用户的眼球，又是快餐式的，且观看的过程中会不断给自己带来愉悦感，而愉悦感是人类普遍追求的。阅读，则是学习的过程，其间不仅很难产生愉悦感，还可能带来困惑，而畏难是人类的劣根性。更为关键的是凯文·凯利在其所著的《必然》中提到的注意力，"科技进步使得越来越多的事物以指数级的速度增加，但一切都在增长，人类的注意力却是固定的，结果必然是人类的注意力越来越稀缺，消费者的时间越来越宝贵，商户吸引消费者的难度越来越高"。

人类的大脑更倾向于"短平快"的刺激，商业也在一次次创新中不断迎合人性的需求。短视频之所以能在极短时间内迅速占领用户心智，是因为其有着轻剂量、高频率、随机性的特点。

短视频能够迅速在世界范围内风靡，除了其自身特征契合时代特点外，更为重要的是非常贴近人们的生活，基本上越是火爆的视频越能反映具体生活，同时也因为潜藏着严谨、完整的话语逻辑，让人们能够瞬间明白其中含义，进而产生共鸣。短视频能够主动迎合人类的生活方式，再加上平台本身又引导到位，背后的算法也能投其所好，对于用户而言，就如同进入了沉浸式陷阱一般。

当然，我们只是在强调一款好产品应该为用户提供完整的话语逻辑，并能贴合用户的生活方式，用这种看似最小的商业模式开启最大的未来经济市场。虽然这种商业模式可能会让用户落入某种预料之后或预料之外的"陷阱"里,但也是因为商业模式发展过程的必然性,而非刻意地故意为之。

讲到这里,还有一个问题需要解决,即为什么产品必须贴近用户的生活方式?根源在于人的进化、人的意识或精神的进化。

一是人们变得更加个性化。每个人都有不同的生活观念,每个人也会更加坚持自己的观念。但是,坚持自己的对立面就是被灌输与被强迫,这是一对几乎时时刻刻都存在的矛盾体。越将时钟向前调拨,这种对抗性越弱,因为人们坚持自己的力量并不强大;越将时钟向后调拨,这种对抗性越强,因为人们坚持自己的力量越来越强大了。

在越来越激励的对抗中,生活观念或生活方式更加成了用户生活中所关注的重心,因此,所有涉及未来商业模式的书籍、文章和建议中,核心之一都是一定要"以用户为中心"。这是生活方式和生活观念的觉醒,不在于选择哪种生活观念或生活方式,而在于生活观念和生活方式本身成了一个浮现在人们意识中的耀眼事物。

二是个性化觉醒意味着人性的觉醒即明显地意识到自己及他人是一个独立的、活生生的人,而不是某个概念化的群体。"我"既能真实感知自己的快乐、痛苦和愿望,也就充分感受到他人的快乐、痛苦和愿望。"我"从自我中心中看到了自己的独特性,也看到了其他人的存在。

"我"的意识逐渐深入,带动"我"的生活观念和生活方式也一并深入,随之带来的改变是企业经营和营销的重点转变为对人的关注。而对人关注的重点在于,对人的生活方式的探索、观察和契合。

"我们不想去定义我们的用户,而是想启发大家去探索、去寻找、去定义自己的生活方式。"这是一家 Explorer 双肩包产品经理 Donna 的声音。这个声音的另一种解释是:别教用户做事,只给他们的生活做提案。

说起来有些酷炫,做法是极好地诠释了商业模式的发展趋势,即通过精密准确的消费主义实现强势的心理入侵。企业必须站在用户的视角,去重新定义用户需求,进而定义产品,击中用户对新生活方式的认同。企业应在产品设计中保持谦虚的精神,产品开发者应该在产品上尽可能少地附加自己的价值观、生活观念和审美标准。因为自己的东西附加得多了,就会显出不谦虚和想替用户做主的自以为是。这样做导致的结果可能是,与产品设计者有着同样价值观、生活观念和审美标准的人无比喜欢,其他人则明显 Get 不到可喜欢的点。

显然这种偏向性严重的产品不属于大众化产品,且在小众中生存也颇为不易,因为未来的消费理念虽然极具独特性,但也应同时兼具扩张性。独特不代表与其他选项格格不入,独特与兼容也并不矛盾,这是未来产品设计和商业模式必然呈现的大趋势。因此,好的产品必须体现出谦虚的精神,这种谦虚体现在对用户需求的调查和研究的重视上。

很多研究人员认为 iPhone 舍弃了谦虚,因为乔布斯想要表达的是高品位的艺术性,但 iPhone 却在兼容时代上有着巨大的谦虚精神,正是 iPhone

的出现让日用电子产品智能化迈出了历史性的一步，乔布斯只是让产品理念自然流露在 iPhone 上，不做限制，让产品在被市场接受的同时自动形成完整的话语逻辑，这些话语逻辑将从不同层面完美诠释 iPhone 的功能。

如果说 iPhone 是在时代的大层面为用户提供优质产品，无印良品则是在生活的小角度上为用户提供优质产品。无印良品的产品中体现出"合适就好"的生活观念（包括生活方式和生活态度），不仅是在反对过度消费，也是在为建立平等的社会做出努力。用这种理念设计出来的产品，穷人不以用它们而炫耀，富人也不以用它们为耻，在兼顾多重人群的生活方式的同时，也兼顾了社会责任感。

无论是 iPhone 还是无印良品，无论是大的层面还是小的角度，都足以解释未来商业模式是围绕目标群体生活方式的编辑组合。因此，一些面向未来商业模式的企业，在商业规划中必须从品类属性、用户定位及空间层次等多维度出发。首先应细化设定目标用户群，并对目标用户群所希望的各种生活方式进行有机规划。其次面对不同用户群且多样化的生活方式，选择满足用户的同种需求和同种生活方式。

总之，未来商业模式创新要求企业必须重回用户视角，再造场景，融入以场景为背景、多方主体互动的生态场。"生态场"是下一个十年商业发展、市场营销的主流。在这个"生态场"中，营销将由企业和用户协同完成，场景既是产品，也是渠道。

这种新趋势营销有一个与用户群特点相契合的逻辑暗含其中：不叫广

告创意，也不叫营销策略，而是叫"生活新提案"。产品不是要教用户做事，而是为用户的新生活方式做提案和铺就一条新赛道。

没有互动娱乐精神做不好商业模式

脱口秀赚钱吗？真的很赚钱。

"我想辞职，我不想干了，因为人工作就是为了赚钱嘛，我太有钱了。"这是来自2020年12月25日的《脱口秀反跨年》舞台上杨笠的调侃。

在大众的认知中，脱口秀表演者应该都是"穷"的，因为他们经常将自己捉襟见肘的生活经历作为素材。的确，他们曾经确实很窘迫过，抢共享单车、挤地铁、合租开间、吃最便宜的快餐等都是常态，但在流量就是一切的当下，一旦有了名气，收入也就随之水涨船高，因此脱口秀表演者早已通过商务代言等形式实现了"脱贫致富"。但各种"囧"仍然是他们段子里的常见因素，"我是一名全职的脱口秀演员，一个月能挣一千五。"这是《脱口秀大会3》"不就是钱吗"主题赛上何广智的自我调侃。

为什么经济条件已经天翻地覆，这些表演者还是很喜欢用"曾经"来制造效果呢？因为窘迫中更有可以挖掘的、能够让观众产生共鸣的东西，而且比起娱乐别人，娱乐自己更能让别人愉快地接受。

过去，我们接受的比较传统的教育是：遇事严肃和做事认真是基本准则。但这一代年轻人对外界的认知完全改变了，他们更喜欢用一种快乐的心态来面对问题和生活中的窘境。再者，脱口秀本就是一种表达自我、消解隔阂和困境的手段。从精神上来说，这一代的年轻人都相信一件事情，即万物皆可被调侃。如果将这种调侃上升到商业运作上，可以概括为互动娱乐精神，借助年轻人正在变化的沟通模式和生活方式，将娱乐精神纳入商业模式中，就像笑果文化一样——让大家笑着就把钱赚了。

其实，这种笑着赚钱的模式在脱口秀之前的很多年就已经出现和流行了，如我国宝贵的表演艺术——相声就是这方面的先驱。但相声在中国经历过大风光后，又因为时代原因跌落谷底，一度出现了相声要因时代绝迹的论调。就在外界一并唱衰相声之时，德云社从废墟上崛起，从默默无闻熬到成为中国娱乐圈第一"天团"。其创始人郭德纲先生的身份也早已经脱离了当初的草根相声演员而成功转型成为一名著名的企业家。

能将德云社带上神坛，依靠的绝不仅仅是宗师级别的相声表演功底，还需要有完整的符合时代的商业发展模式。

如今，德云社年赚9位数，估值有15个亿，相关公司登录新三板，王惠稳坐第二大股东。投资9个亿建北京最大四合院用于开饭店，每桌最低消费4888元，从红酒、面膜到服装、游戏手柄，德云社的商业版图越来越大，但无论铺多么大一摊，德云社的核心主业永远是相声。德云社没有因为发达了而忘本，为观众带去欢乐是德云社长期发展的根本。因此，若想像德云社那样发展，必然也要像德云社那样思考——什么是新时代下必须坚守的？什么是新环境下需要改变的？什么是新模式下着力打造的？

无论是脱口秀的商业形式，还是德云社的商业帝国，它们都遵循基本的原则，即保持了本领域该有的互动娱乐精神。其实，并非只有与"笑"相关的企业应该保持互动娱乐精神，任何企业都应该保持这种高端的内涵。

可以这样说，企业具备互动娱乐精神是构建成功商业模式的关键要素。因为消费者对于产品和服务的期望已经不再局限于满足基本需求，更强调融入趣味和娱乐元素。因此，通过设计有趣的游戏化元素，引导用户在使用产品或服务时更加积极地参与其中。例如，移动应用程序可以采用挑战、奖励和排行榜等机制，激励用户持续使用并分享自己的成就，从而扩大用户群体并提高用户黏性。

商业模式不再只是交易模式，而是可以与用户建立互动和情感连接的方式。通过提供有趣的故事情节、个性化的互动体验，以及与用户共同创造内容的机会，品牌可以在用户心中树立起独特的形象，并建立稳固的忠诚度。

当用户在参与互动娱乐的过程中感受到愉悦和满足时，更有可能将这种积极体验分享给身边的朋友、家人和社交媒体上的关注者。这种口口相传的传播方式，不仅具有更高的信任度，还能够带来潜在客户的增加。

总之，拥有互动娱乐精神的商业模式更加灵活，能够更快地调整和创新，从而满足市场的变化和用户的期待。当然，鉴于商业环境的快速变化，消费者的喜好和需求也在不断演变，因此互动娱乐也应不断创新和适应市场变化。

做美做小一样媲美做大做强

现代营销学之父菲利普·科特勒对于企业发展规模的定义有着非常独特的概括——"想着大的，做着小的。"

这句话体现了一种策略，即在构想和规划商业模式时保持远大的愿景，同时在实际执行中采取务实的小步前进。这一理念在许多成功企业的发展中得到体现。

想着大的，意味着企业需要拥抱远见和创新。一个强大的愿景可以激励团队为之努力，同时吸引投资者和合作伙伴的注意。亚马逊创始人杰夫·贝佐斯设想将其发展成地球上最大的线上零售商，这一愿景在初期可能被认为过于雄心勃勃，但正是这个远大的目标推动了公司的创新和扩张。

当然，做着小的同样至关重要。大的愿景需要分阶段实现，企业需要将其分解为具体可行的步骤。谷歌从一个简单的搜索引擎起步，逐步扩展到了广告、移动操作系统、云计算等领域。这种逐步迭代的方法使得企业能够在不断尝试中学习和调整，降低了失败的风险。

此外，这种"想着大的，做着小的"的方法还能更好地适应市场的变化。商业环境充满了不确定性，随时可能出现新的机遇和挑战。通过保持灵活性和快速反应能力，企业能够更好地调整战略，从而更好地抓住机会并应对风险。

由此可见，"想着大的，做着小的"不仅是一种策略，更是一种智慧的经营之道。在创建商业模式时，坚持远大的目标，但不要忽视实际执行中的细节和挑战。这种平衡能够使企业更有机会在竞争激烈的商业世界中脱颖而出，也同时提醒着企业应该以"小中见大"的精简思维设计商业模式。

采用"小中见大"设计商业模式的方法，强调在细节中发现机会，通过精简和专注来实现商业模式的创新。

Netflix 起初是一家在线 DVD 租赁服务公司，后来发现了在线视频流媒体的潜力，开始逐步转型，投入大量资源开发流媒体技术和相关内容。在转型过程中，Netflix 保持了精简思维，聚焦于提供高质量的内容，并通过订阅模式为用户提供便利。

Netflix 的成功在于将"小"（在线 DVD 租赁服务）和"中"（流媒体服务）结合，挖掘出了在线流媒体的潜力。他们专注于提供个性化的内容体验，通过数据分析和算法不断优化推荐系统，满足用户需求。Netflix 在市场上脱颖而出，成为全球领先的在线流媒体平台。

这种方法的优势在于，能够让企业保持灵活性，随时适应市场变化。当初的 Netflix 并没有试图一下子做到所有，而是选择了一个局部，然后逐步扩大。这种逐步迭代的方式可以降低风险，减少资源浪费。

总的来说，以"小中见大"的思维设计商业模式，强调在细节中发现机会，通过专注和创新实现商业模式的演进。企业不必一开始就在所有方面都完美，而是可以从一个核心点出发，然后逐步扩展和优化。

当然"小中见大"有时未必能见到"大"，而是长期徘徊于"小"中，这种情况应该怎么办？想尽办法做大吗？好像大多数人都会这样选，毕竟将企业做大做强是所有创业者的心愿。但是，要注意一个前提，有些时候就是时候未到，就是无法将企业做大，此时若强行揠苗助长，最终只能是迅速枯萎。在外部条件不允许，没有条件做大时，就安心在"小"上积蓄能量，等待"大"有可为时的爆发。

但很多企业经营者都不接受"小"的现状，认为"小"就是自己无能的体现，"小"的企业就是不美的，只有做大的企业才是美的。如果以这样的思维经营企业，等于自己亲手丢弃了企业的另一种可能，让企业还未做大之前先死了一半。其实，尽管"做大做强"是众多企业的追求目标，但"做小"同样可以在一些方面媲美甚至超越"做大"。下面就将二者进行一番对比，你会发现，"最美做小"也能与"做大做强"一较高下。

（1）小企业能够更加灵活迅速地做出决策。因为较小的组织结构使得决策层级更加扁平，信息传递更为高效，促进小企业能够更加敏捷地捕捉机遇。大企业可能因为庞大的体系而导致做决策的过程迟缓，无法及时适应市场变化。

（2）小企业在创新方面有更大的自由度。由于规模相对较小，小企业在资源和流程上的束缚相对较少，能够凭借灵活性和创新力获得更多大胆尝试和创新的机会。大企业可能因为既有的体系和惯性而难以进行颠覆性的创新。

（3）小企业在建立紧密用户关系方面具有优势。由于规模小，组织层级少，小企业更容易与用户进行直接沟通，来更好地满足客户个性化的需求。大企业可能因为规模庞大，难以实现用户需求的个性化满足。

综上所述，在一些特定情境下，"最美做小"可以与"做大做强"一较高下。小企业在灵活性、创新力、客户关系等方面具有优势，能够在特定领域内取得与大企业相媲美甚至超越大企业的成绩。

像电影公司一样重组你的商业模式

想到不久以前，与一位老板兼学员聊天，谈到"老板是企业的明星，还是导演"的话题，我认为老板应该是企业的导演，他认为老板应该是企业的明星。

他是业务出身，做业务是一把好手，自创公司的业绩一半都是他自己做出来的，他也很享受这种状态。因此，他是整个公司的中心，是那颗最亮的星，所有人都是他的辅助兵，都要围着他转。当然，因为他的业务能力着实强悍，其下面的业务员也都很佩服他，他说："就是所有员工都走了，他一个人也可以撑起这个公司。"看得出来，他很骄傲这一点，一个人就是千军万马呢！

他为什么来我这里接受培训呢？因为他的公司已经三年没有进步了，甚至还出现了退步的迹象，似乎到了想要维持都困难的地步。他想招聘到人才辅佐自己，但公司来来去去多少员工，也未见"卧龙""凤雏"降临，来的人没有一个比他强的。

我对他的总结是：你是一个业务员，不是老板。你在企业里的位置是明星，能够照亮企业，却不是导演，无法带领企业走上正确之路。

我的这番话说得可能有些重了，他听后脸色不太好，但也没有反驳，应该是有些反思吧！其实，管理企业和拍电影很像，最高领导者就应该是导演，绝不能同时又有主角光环。想象一下，如果老板又想做导演，又想当明星，还要兼职编剧，那么别人的"戏"就没法唱，会"唱戏"的人是不会来的，因为没有施展才华的机会。

公司也是如此，老板要是什么都干了，还比员工干得好，员工还会有什么斗志呢？本来公司就是老板的，老板身上已经自带光环了，还要去抢员工的光环，员工在这样的企业里只能得到挫败感，得不到任何能让其提升的自信心、自豪感和归属感。员工会形成习惯，凡事依赖老板就可以了，自己只要听话就一切OK了。这样的企业走到最后会不可避免地成为一潭死水，没有激情、没有变化、没有创新，大家都在日复一日、循规蹈矩地循环着。

比尔·盖茨曾说："一个人永远不要靠自己一个人花100%的力量，而要靠100个人花每个人的力量。"孤胆英雄是绝对走不远、长不大的，特别是现在的社会，做事情需要的是强大团队的协作，一滴水又怎么能够创造出一片海呢？因此，凡是以追求个人闪耀、成为一个万众瞩目的明星的老板，注定难成大器。因为，个人英雄主义可以做流星，但绝对成不了恒星。

将员工培养成明星，然后用明星带动明星，形成明星效应，创造出人人争当明星的局面，才是将公司做大做强的正确的经营之道。比如曾经香港的音乐和影视剧风靡内地，最主要的传播因素就是那些风华绝代的港星，他们各领风骚各有优势，造就了一部部经典剧目和一首首久唱不衰的歌曲。而打造这些港星的是各大电影公司的明星训练班，其中尤以无线训练班最有名，犹如巨星工厂。

1967年，深具战略眼光的邵逸夫将事业重点转移到了当时新兴的电视产业，香港无线电视广播公司——这个即将影响几代华人的传媒巨擘应运而生。几年后，与"邵氏"的明星制理念一脉相传的无线艺员培训班成立。

很显然,操盘一切的邵逸夫通过将别人培养成明星,进而将无限电视广播公司发展起来。进行一个娱乐想象,如果邵逸夫亲自去当演员,无线还会有如此的风光吗?

强大的公司,一定是去中心化的,看看华为,有无数明星在闪耀。任正非一再表示过:"说不出自己功劳的人才是领袖。华为没一项产品是我研发的,没一个市场是我打下的,是华为的'巴顿将军''朱可夫元帅'们打下来的……他们有缺点,但他们是功臣……我也有缺点,还没功劳,但我能用好他们,是因为我善于妥协,对人能包容。"

个人魅力带不来市场竞争力,未来企业的进化趋势,必须是开放、协作、释放和共赢。导演的任务是掌握好整部戏的节奏,使用好明星,以呈现给观众一部好看的作品;老板的任务是为公司造梦,然后建立团队,最后用产品和服务赢得市场的认可。

老板要是和员工比做事、拼能力,那他就已经输了,这个公司也就没了前途。但有时候老板确实很有能力,也有小试牛刀的瘾,怎么办?点到为止。就像向华强兄弟在经营永盛电影公司时,捧出了大量闪耀的明星。有时候两兄弟也想过一过拍电影的瘾,那就找一个适合自己的小角色客串一下。向华强最有名的客串就是在《赌神》《赌侠》中客串龙五,虽然戏份很少,却成为影迷们的集体记忆。

作为老板,必须懂得如何做导演,但这并不够,毕竟好的导演还要有好的环境成就自己。因此，老板还必须学会像经营电影公司那样重组自己的商业思维，打造一个可供发展的生态平台，然后让每一个身在其中的公司成员都有获得自我进步和成功的机会。所谓集众人之私，成一人之公，就是当老板的最高境界。那么，究竟该如何"集众人之私"呢？下面就对电影公司运作模式的剖析及其与商业模式的深度关联，做出详细解读。

首先，电影公司注重内容创作和故事讲述。企业可以从中学习，将产品或服务打造成一个引人入胜的故事。通过将产品融入一个有吸引力的背景故事中，可以更好地吸引消费者的兴趣并建立情感共鸣。这种商业模式的重新构建可以帮助企业与消费者建立更深厚的联系，增强品牌忠诚度。

其次，电影公司通常依靠合作与伙伴关系。企业可以探索与其他企业、创新者和供应链伙伴的合作，以共同创造更有价值的解决方案。通过联合创新，企业可以在资源、技术和知识方面互补，加速创新过程，实现更快速的产品开发和推出。

再次，电影公司擅长利用预告片、宣传活动和社交媒体等营销手段引发公众兴趣。企业可以借鉴这种营销策略，将产品发布和营销过程设计得更令人期待，让产品在推出前就吸引关注，从而为产品的成功打下坚实的基础。

最后，电影公司会在不同的渠道上线（影院、电视、流媒体等）来满足不同受众的需求。企业可以考虑多渠道分销，以便更好地覆盖市场，进而能够让企业更好地满足不同用户群体的偏好和需求。

此外，电影公司在全球市场上的活跃表现也值得学习。它们通常具备跨文化的吸引力，将不同国家和地区的观众都纳入考虑范围。企业可以从中获得启示，设计适应不同市场和文化的产品定位和营销策略，实现国际化发展。

总而言之，借鉴电影公司的商业模式，企业可以在内容创作、合作伙伴关系、市场营销、分销模式以及国际化发展等方面进行重构。通过打造引人入胜的故事、促进合作创新、采用巧妙的营销手段、制定灵活的分销策略和全球化战略，可以让企业更好地适应市场的变化，实现持续的成功和增长。

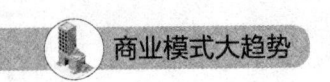

第二章　用户是商业模式之锚

创造爽点就是掏用户兜里的钱

马斯洛的需求层次结构包括人类需求的五级模型，从金字塔层次结构的底部向上，需求分别为生理、安全、社交需求、尊重和自我实现。五阶段模型可分为不足需求和增长需求，即下面四个级别（生理需求：食物和衣服；安全需求：工作保障；社交需求：友谊、被接纳；尊重需求）为缺陷需求，最高级别（自我实现需求）为增长需求。

最下级的需求是最容易被满足的，因为资源获取方式相对简单，满足也就更加容易。随着需求等级的提升，资源获取方式越发不易，需求被满足的难度也越来越大，可见，富足之后的消费者很难被讨好。

以我国经济发展过程而言，过去的商业模式裂变是建立在用户非富足的基础上的，进入21世纪后用户越发富足，一些商业模式因不能适应时代发展而被自行淘汰。在未来，随着人们的生活愈加富足，更多具有新适应力的商业模式必然会相继涌现，故而以新替老是必然趋势。但无论商业模式做何改变，都必须以用户为中心，将用户定位为不可动摇的锚，并在其上实施变革与进步。

在营销心理学方面，富足之后的用户很难被讨好是一个相对复杂的课题，涉及用户的心理、可分配资源量、社会大趋势和文化背景等多方面因素。富足的用户往往在满足了基本需求后，拥有更多的经济资源和选择权，而且他们的富足不仅体现在经济层面，还有精神层面和心理层面，因此，满足这类用户的需求需要全方面共同作用。

那么，究竟有哪些原因导致富足的用户难以被讨好呢？厘清这个问题，才能为接下来挖掘出用户真正的消费意愿打下良好的基础。

（1）消费习惯升级。富足的用户逐渐形成了高品质和高标准的消费习惯，他们对产品和服务的要求更高。一旦他们习惯了高档次的享受，普通的商品将无法让他们有心理满足感。

（2）选择过载。富足的用户因为选择层面的提升（高选择层面将涵盖低选择层面），通常面临着更多的选择，而过多的选择可能让他们很难做出决定或者总觉得可能有更好的选择，从而难以满足。

（3）追求独特性。一些富足的用户追求与众不同的消费体验，希望借此彰显自己的个性和独特性。这使得满足他们的需求更加具有挑战性，因为他们不仅要得到高品质的商品，还要体验那些与众不同的东西。

（4）陷入消费陷阱。富足的用户可能会因为不断追求更好的体验而陷入消费陷阱，对于一般商品已经感到厌倦，只有不断追求更昂贵、更奢侈、更另类的东西才能让他们感到满足。

（5）社会比较和攀比。在当下的社会中，富足的用户可能会受到他人的评判和攀比，这导致他们不断提高自己的消费水平，以显示自己的地位和身份，这样的心态也使得他们很难获得满足。

富足的用户也可划分为多个层级，有些非常富足，有些一般富足，有些只是准富足。但无论是哪一层级的富足，都存在着越来越难以捉摸的特性，前一刻还对某商品趋之若鹜，后一刻可能就兴趣寥寥。当今用户的普遍特点是：自我、慷慨、有见地，既感性又理性，购买决策充满随机性，品牌忠诚度越来越低。因此，想要笼络越发富足的用户，企业必须跳出旧的产品/服务架构和营销思维的桎梏，以通向未来的产品和服务来满足他们的需求。可以从以下三个方面寻找突破口：

（1）独特性或个性化。为用户提供符合其独特需求的限量私人定制式的产品和服务，并将产品和服务的品质量级尽量调高，既满足用户需求的独特性，也让用户感到物有所值。

（2）创新体现。为用户提供前卫、新潮、具有未来概念的产品或服务，让用户在新鲜和特别中体会到消费的高价值性。

（3）社会责任感。强调企业的社会责任和可持续性，吸引那些关注环保和公益事业的富足用户，让用户可以通过消费过程间接提高个人价值。

富足用户的需求是多样的、深度的和超前的，不同的人有不同的追求和价值观。要如何统一满足富足用户的消费心理，让他们始终保持消费热情呢？除了一些惯常做法外，还需要非常规的方式作为核心驱动，这里所说的非常规方式就是为用户创造爽点，让用户在感受到"爽"和期望继续"爽"的过程中完成消费。

"爽点"的英文全称是 Aha moment，又译作"啊哈时刻"或"顿悟时刻"，即用户第一次 Get 到产品价值的时刻。一款产品或一项服务并非一出来就能让用户认识其价值，即便产品方或服务方宣传得再到位，只要用户还未切身感受，那么对产品或服务的了解就是不全面的。顿悟的时刻通常发生在用户第一次使用产品或感受服务时，特别是用户感受被激活的过程中。因此，"啊哈"是一种情绪表达，说明产品或服务让用户留下了足够强烈的第一印象。一旦用户买到中意的产品或服务，就会开始寻找产品或服务对自己的价值。用户确认产品或服务"有用"的那一刻，就实现了其与产品或服务中"爽点"的契合。

用户可能会也可能不会意识到这一重大时刻的发生，但无论如何，用户都会因为经历了这一时刻而决定自己是否成为产品或服务的留存用户或流失用户。

企业要做的就是找到和产生"爽点"相关联的动作与行为，以此调整产品或服务，来促使更多用户主动产生与产品或服务交集的行为，最终帮助用户达到自己的"爽点"。要如何创造出符合用户需求的"爽点"以达到让用户主动消费的目的呢？可以参考以下三种做法：

一是从用户数据中发现需求趋势。通过观察用户的消费与使用数据，找出关键用户行为。可以分为两个小步骤：①仔细留意哪些指标能把已转化用户（如留存用户）和其他用户（如流失用户）区分开来；②找出10～20个与用户留存相关的行为。

注意，要关注的是留存用户而非流失用户的行为，因为留存用户的行为有助于"爽点"的形成。

如果企业处于初创期，用户基数较小，甚至还没有用户，那么就不能先关注数据，而是要越过这一步直接进入下一步，参考有效的用户反馈。

二是参考用户反馈，找出典型的活跃用户和留存用户，以验证从用户行为数据中得到的结论。如果数据显示出某些用户行为跟留存度之间有深度关联，那么就要深入研究关联背后的原因。通过对原因进行分析，找出能够产生"爽点"的关键功能，并将这样的功能加进产品或服务中，那么就能为用户创造出"爽点"。

例如，某 App 研发团队从数据中发现，活跃用户通常使用"提醒"和"日历"两种功能，但是一些关键用户反馈的最有用的功能是"制作团队日程"和"分解日程表"。该研发团队决定，不向用户分别推销"制作团队日程"和"分解日程表"两个功能，而是通过"安排日程场景化"功能引导用户将上述两个功能及其他功能串联起来使用。一个小小的功能改进，便将用户使用的爽感瞬间拉爆，无异于给用户创造出了具有感受力的使用场景。

此外，通过用户反馈还能了解到产品或服务的许多细节，比如哪些产品元素给用户留下了深刻印象？哪些产品元素被用户直接忽视了？用户在哪个环节考虑过放弃或换用其他产品？

那些让用户叫好的产品元素一定是打通了用户的痛点，可以在此基础上化痛为爽，在解决用户痛点之余，更有爽感加持。那些让用户忽视的产品元素是否有改造的价值？如果有就想办法结合用户需求化糟点为爽点，如果没有就彻底丢掉，重新规划可能的新爽点。

三是向流失用户取经。对企业有价值的不仅是留存用户，还有流失用户，那些弃你而去的用户为什么会离开？他们和那些留存用户体验了同一款产品，却觉得产品无用，难道不需要及时知道原因吗？

用户之所以流失，通常有两个原因：①不是产品的目标用户；②用户体验的缺陷打断了 Aha moment 旅程。

如果是前者，则无须改进，因为一款产品或一项服务不可能满足所有人的需要，总会有人觉得无用。如果是后者，则须弥补用户体验的缺陷，方法还是提升用户使用过程中的爽感。

通常向流失用户取经会面临一个现实问题，即和产品只有一面之缘的流失用户可能不愿意给出反馈，但也不能知难而退，应该给不满意产品的用户一个抱怨的机会，好让企业从这些流失用户身上发现产品还有哪些不足之处。

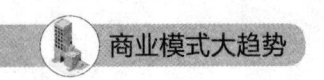

充分利用用户旺盛的表达欲

多年前，还是各类社区论坛流行的时代，有一篇帖子的标题是：一个话痨为什么在你的社区沉默寡言？

相信对于这个问题的答案，所有业内人士会给出很多漂亮的答案。这些答案或许能从侧面反映问题背后的问题，但往往不能从根本上解决问题的症结。

让话痨沉默，绝非一般状态，而是一种软性遏制，进而让用户主动关闭了交流的欲望。这种状态是必须打破的，企业所需要的用户不能只是听话的"工具人"，还应是主动表达、敢于争辩、能够制造话题的"传播者"。现在是流量时代，企业都在千方百计地制造流量效应，与其企业一家独舞，不如让用户加入进来，大家一起翩翩起舞，将氛围烘托出来。

当下是流量为王的时代，未来也依然是得流量者得天下，今天的流量基础，就是明天的崛起之路。腾讯从 QQ 到微信为什么能始终屹立不倒？就是因为占据了流量高地，是海量的用户托起了产品。作为社交软件，QQ 和微信的核心功能就是为用户提供网络交流平台，也就是让用户在平台上充分表达，这是腾讯保持流量的基础。

作为社交软件，QQ 和腾讯有先天优势，即用户使用这两款产品的首要功能就是为了交流。但很多产品提供给用户的核心功能并非交流，却依然需要流量，因而这就需要寻找一个合适的支点，来撬动人性中的表达欲，为产品堆砌流量基础。

如果能撬动用户的表达欲，用户会主动化身为"产品宣传员"，有意无意地为产品做很多良性宣传。撬动地球需要支点，撬动用户表达欲同样需要支点，撬动未来的商业模式也一样需要支点。

撬动用户表达欲的支点可以概括为一句话：什么情况下会产生表达欲。可以从表现、对象、原因三个方面切入，从"人"和"事"两个方面展开。

（1）同类型的人——必须文化符合相同用户群越垂直，预示着用户圈子越小，越容易形成"信息孤岛"，导致和外界交流越困难。很显然这种沟通壁垒不利于对外交流，但同时也形成了一个明显优势，即圈内人身份认同感强，内部表达欲旺盛。

很多社区类产品拥有明显的人群属性，如游戏爱好者、体育迷、育儿妈妈……甚至还会细分为某一款游戏的爱好者，某一位体育明星的粉丝群体，某一个幼儿年龄段的宝妈……例如，宝宝树的主要用户群体是备孕期到小孩 3 岁以前的准妈妈和宝妈们。怀孕育儿很多事情是具有私密性的，无法对外界述说，即便说了，那些不处于育龄期的女性和一些男性也不能感同身受。但是，很多非常现实的问题必须得到倾诉，而最好的倾诉对

35

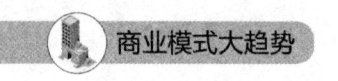

象，就是其他有同类经历的妈妈。

同类人群属性明显的产品或服务，是如何最大限度激发用户的表达欲的呢？答案就是通过人群文化符号！将同类人聚集起来，说着彼此都懂的话，交流着彼此都有的感觉，获得彼此都需要的安慰。

（2）相互有需求的人——必须供需不平衡。供与需是从人类开始有商品交换意识起就已经存在的概念。在当下，供需关系仍是决定经济发展水平和走势的关键因素；在未来，供需关系依然是决定经济脉络的主要因素之一。供与需的关系就像跷跷板，只有保持供需基本平衡或者供略低于需，经济才能稳步发展。但在撬动用户表达欲望方面，则需要制造一种供需不平衡的状态，让隐性竞争诱发人们的交际欲望。

某些特定身份的人群，存在天然的表达需求，并且，他们本该所倾诉的对象的数量非常之少，比如病人和医生、学生家长和老师、球迷和球星等。有些表达由用户亲自完成，形成关于用户的直接流量；有些由其他人代替，形成关于用户的间接流量。

例如，网上平台的医生与患者之间，就是供需不平衡状态。总体而言，医生的数量是少数的，而患者的数量是多数的。患者为了能得到医生的专属服务，需要进行注册与付费，患者会在获得资格后尽可能多地向医生展开咨询，医生也会针对患者的具体情况进行解答。对于医生而言，患者是用户，与自己交流的患者（用户）越多，自己的流量就越高，也就越能体现自身实力和价值。对于平台而言，医生和患者都是用户，双方在平台上的交流越多，平台的价值也就越高。以网上医疗平台为代表的这种未来经营模式，已经在当下得到了广泛的认可，正在步入高速发展阶段，未来的网上医疗平台在多种新科技的加持下，必然会形成更有利于医患关系健康发展的医疗体系的一部分。

再如，球星和球迷之间更是严重的供需不平衡状态。全世界球星的数量是有数的，但全世界的球迷数量是无数的，尤其享誉全球的顶级球星，其粉丝数量多达亿量级。各大体育平台必然会充分利用这些顶级流量来为自己助力。在平台上，这些球星几乎不用说一句话，但全世界的球迷们却会在平台上吵翻天，每个粉丝都在极力表达着对自己欣赏的球星的赞美，并想办法拉低"对手"球星的地位。阿根廷球王梅西远走美国大联盟，球迷们迅速划分阵营，热情讨论，热度持续几个月仍未消退。对于梅西而言，球迷也如同他的用户一样，每天都为他奋力输送着流量，让其一直保持在体育界的顶尖位置。而对于梅西所加盟的球队、梅西代言的品牌、各大体育平台、各类足球游戏等，梅西也相当于用户，只是这个用户基本不用自己做什么，就有亿万"代言人"争相替其进行流量传播。

无论是直接表达，还是间接表达，人们都有旺盛的表达欲望，而且越是供需不平衡，表达的欲望越旺盛。但是，现代流量经济的发展已经向人们发出了警告，即要对表达欲望中的稀有群体加以保护，让流量的价值得以良性延续。

（3）制造冲突——必须达到最强烈效果。制造冲突是激发用户表达欲的最强烈的催化剂，尤其是冲突本身如果能代入用户，则效果更佳。

不可否认，这是一个不缺少冲突矛盾的世界，随着科技的持续进步、社会发展的日趋加快和个性化被日益提倡，观念维度上的拉扯差异将会越来越大，矛盾和冲突也会更为明显。新兴商业模式将非常注重对用户矛盾点的引导与利用，使之既能成为一柄推动企业发展的利刃，也能成为一股推动时代经济前行的洪流。

以脉脉匿名区为例，典型的职场负能量区，和首页职场正能量形成鲜明对比。职场台面下的钩心斗角，不能见人的"办公室政治"在这个地方全都暴露出来：领导PUA、无偿加班、公司劝退不给赔偿、入职offer取消、同事甩锅……每一个话题都有冲突，每一个话题都能引战，每一个话题都具有极强的时代感。

矛盾冲突的强度大小，完全取决于观者的情景代入感，而其中尤以具有群体共同认知的冲突效果最好。

（4）制造响应——必须产生强烈的共鸣。与制造矛盾冲突对立的是，制造足以让同类人和不同类人都能产生共鸣的响应效应，也能激起用户的表达欲。也就是通过一个或一组话题引发人们的共性心理，达到撬动用户表达欲望的目的。如果说制造矛盾是传统商业模式的一种演变，那么制造响应就是一种新时代下新兴的商业模式，其是建立在用户同理心和感应能力普遍提高的前提下的。

例如，蔚来App的搜索框就是简约而不简单，只有搜索历史、热门搜索、热门话题三个内容模块，最巧妙的是"热门话题"只给出了5个，并不像很多新闻类App或同类App动辄十几二十个的排名，让人眼花缭乱。

就在用户认为蔚来的App一定是拼命地介绍各种车型服务时，蔚来又一次让人刮目相看。点开某个"热门搜索"的标签之后，排在第一个的往往不是产品介绍，而是带有这个词条的所有用户和相关的员工信息。蔚来既希望用户能去关注制造这辆车的人，也能同样关注与这辆车的诞生和使用有关的其他人。这是一个很温情也很聪明的产品逻辑，让企业的App瞬间有了温度。由此也显示出，未来App所具有的社交属性将远比新闻属性重要。

这还不是蔚来最让用户产生共鸣的地方，其App的核心功能区的五大模块随便拿出一个都能让用户来而不走。仅以"推荐"板块的"喜提新车"环节为例，"小RED书博主喜提兰博基尼"的文风几乎贯穿了整个"推荐"界面，连续划五六下，下面的标题大概都是：

"老婆开这个合适，先订再说"

"我想我没有理由拒绝一辆老婆最喜欢的车"

"一年不到入了第二辆蔚来，冲动下单，买给老婆"

"冲着氛围灯买的，别的车给不了我老婆的，ET5能给"

……

诸如此类，让人不禁感慨，全中国最爱老婆且手头最宽裕的中产阶级男人，大概都在蔚来了。

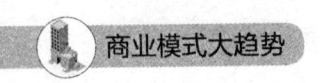

正是如此高的粉丝黏性和用户旺盛的表达欲，让蔚来APP完成了"活跃用户里有近一半人并非蔚来车主、共同用车人和订金车主，而是根本没买车的粉丝"这一壮举。

制造响应的关键不在于多么复杂和多么煽情，反而是最简单的最动人、最直接的最戳心。总之，只要能让用户敞开心扉表达自我的，就堪称是优秀的商业模式。

柔性化生产和用户正反馈是连体婴儿

将用户作为商业模式之锚，就是让用户成为商业模式形成与发展过程中的核心，一切商业行为必须建立在用户至上的基础上，将用户的需求尽可能精细化，从多个不同角度占领用户心智，基于用户精细化需求快速组建制造系统。

先来看看什么是用户精细化需求？通过对用户进行细致入微的分析和了解，包括用户的年龄、性别、收入、兴趣爱好、使用场景等方面，从而针对不同用户群体提供个性化、定制化的产品或服务，以满足用户的需求和期望。

这种需求分析的方法有助于提高产品的用户体验度和满意度，增加用户黏性和忠诚度。用户精细化需求的分析是建立在大量数据和信息的基础上的，通过数据挖掘、分析、可视化等技术手段，深入挖掘用户需求和行为，从而更好地理解用户，为用户提供更有针对性的产品和服务。

若想在较短的时间内基于用户的精细化需求快速组建制造系统，需要从以下六个方面进行全方位考量，且缺一不可。

（1）了解用户需求。这包括对产品的功能、性能、外观、价格等方面的要求，可以通过市场调研、用户访谈等方式获取。

（2）设计制造方案。在根据用户需求设计制造方案时，必须考虑原材料、生产工艺、设备、人员等方面的因素，以及时间和成本等方面的限制。

（3）快速响应生产。为了满足用户快速交付的需求，需要优化生产流程，提高生产效率，因此要以精益生产和敏捷制造为核心，辅以自动化、智能化等技术支持。

（4）质量保证。在制造过程中，须采用严格的质量控制流程和检测标准，确保产品质量符合用户的要求。

（5）灵活调整。由于用户需求是不断变化的，因此制造系统必须具备灵活调整的能力，可以通过模块化设计、柔性生产等方式实现制造系统的灵活调整。

（6）信息反馈。须进行全方位的用户信息反馈的收集，并通过采用信息化技术，实现对制造过程的全面监控和管理，将用户反馈和生产过程进行有机结合，提高生产效率，降低生产成本。

虽然通过以上几个方面的考虑，有助于实现基于用户精细化需求快速组建制造系统，但并非一定就能组建成功，还需要结合正确的操作过程，一般分为以下八个步骤：

第1步——需求收集。与用户进行深入沟通，了解其精细需求和期望，明确系统功能和性能要求。

第2步——系统设计。对收集到的用户需求进行整合，去伪存真后，设计制造系统的整体架构和流程，确保系统可以满足用户的需求。

第3步——技术选择。选择最适当且最有效的技术和工具，以支持系统的下一步开发与集成。

第4步——原型开发。快速创建系统原型，让用户在第一时间了解系统的外观和功能，并对其进行反馈和调整。

第5步——敏捷与迭代。系统设计完成与开发成型后，并非一成不变，而应随时根据需求改变，因此要采用敏捷开发方法，在必要时可快速迭代系统，及时调整和优化。

第6步——测试与保障。在系统进入全面工作前，应进行全系统测试，确保系统的稳定性和可靠性。

第7步——部署与集成。将制造系统部署到用户需求与产品生产的现有环境中，并与其他系统进行集成。

第8步——培训和支持。为用户提供培训和技术支持，确保他们能够正确进行意见反馈和识别制造系统。

第一部分 未来商业模式的基础思维

之所以要不断强调用户精细化需求和据此组建制造系统，是因为当下产品设计与生产已经由刚性自动化进入柔性自主化。所谓刚性自动化，就是流水线生产，生产出的只是标准产品，可以节约资源，提高生产力，但灵活度非常差，基本谈不上柔性。在数字时代商业模式的大背景下，刚性自动化越来越难以适应不断缩短的产品生命周期。企业急需一项能力，既可以快速响应市场，又能减少资源耗用。

快速响应包括产品创新能力、快速交货能力，以及连续补货能力等。在刚性化生产完全失灵的情况下，能够在品质、交期、成本保持一致的条件下，生产线在大批量生产和小批量生产之间任意切换的柔性化生产接过了接力棒。

柔性化生产有别于传统的大规模量化生产，柔性给予用户自主选择权，可以根据用户的反馈和实际需求实现定制化生产。柔性化生产的具体应用过程是：用户进行需求描述和产品反馈，企业先利用各类传感器、机器视觉、测量设备等采集数据，然后对采集到的数据进行实时处理，再根据处理结果制定生产策略，最后交由工业机器人、数控机床等智能化生产设备去执行。

建立在用户需求基础上的柔性化生产的"柔性"，主要体现在机器、工艺、产能、产品、运行、维护、扩展七个方面：

（1）机器柔性：快速响应不同类型产品或定制产品的生产要求，在生产过程中非标终端设备可以快速更换，非标控制程序可以自动下载。

43

（2）工艺柔性：在生产流程不变的情况下，可以更快适应产品或原材料的变化。例如，生产机器人的智能夹爪可以快速适应不同品类、规格、材质生产件的抓取要求。

（3）产能柔性：即生产能力柔性，能够找到一种最经济的方式应对突然改变的产量。例如订单量发生改变，相应的循环流转工位、预留工时、缓存资源也会自动做出相应调整。

（4）产品柔性：快速组织产品生产线以满足新产品的生产需求，且重新组织后的生产线仍保持着对原产品可用特性的集成能力与兼容能力。

（5）运行柔性：组织不同的材料、工艺、设备生产同一类产品或同系列产品，即便调整工序依然能保证生产质量与效率。

（6）维护柔性：采用多种方式对生产设备进行预测性维护和已发生故障的排查，保证生产线正常生产。

（7）扩展柔性：根据不断增长的生产需求拓展生产线，或者根据工艺流量增加生产工位。

柔性化生产制造可以与企业资源计划、制造执行系统、仓储物流管理系统结合，对用户需求、产品信息、设备信息、生产计划等进行实时分析，对生产方案进行适时调整，达到生产效能的最佳匹配。

让用户和产品一起成为话题引领者

2023年8月7日，立秋前一日，一则比立秋的凉意更让人感兴趣的产品宣传来了，即小米旗下的红米K60至尊版性能首测。之前红米的电竞版就引发了话题效应，让红米K60再次成为爆款。红米K60至尊版性能首测相继霸屏，甚至一度出现了"重新定义性能时代"的话题讨论。

我们不对这款手机的具体性能做出分析，这不是本书的范围，但这次看似突如其来的话题讨论无论是给产品还是用户都带来了非常强烈的心理震荡。一位刚买完红米K60给母亲的朋友也毫无意外地看到了这个话题，作为对手机性能一无所知的手机小白，居然也研究起这款手机的性能来，最终他得出一个结论——这款手机买得很值。虽然他买的不是红米K60至尊版，而是普通版，却实实在在地跟着高兴了好多天，因为给妈妈买到了性价比很高的手机。

这场手机性能的首测，真正的参与者都是一个个用户，有的用户具有KOL的身份，有些只是随着参与了一下。但不论深度参与还是浅尝辄止，都让用户和产品成为这场网络话题的真正引领者，且将话题热度越推越高。

以往都是企业发起话题，用户跟着参与，企业始终占据话题的主导地位，何时发起、如何扩大、怎样结束，用户都只有参与的份儿。但在用户价值越来越高的当下和未来，话题的发起者和引领者已经完全由用户接手了，产品成为用户制造和参与话题的介质，话题的浓度和传播度全靠用户完成。可以想见，在未来基于这种传播的商业模式将越发常见和深入，因此营销领域得出了"用新闻社思维引导用户展开展品的话题性"。

这种逐渐演变的商业模式，将人们对于好产品的定义加以修正，过去是全都由企业方以自己的方式进行定义，也就是谁的"广而告之"做得更好，谁的产品就更容易出挑。但当下和未来，定义好产品的话语权已经变成了用户，企业只有真正读懂用户，才能借助用户的力量将产品推入用户心智。

让用户和产品一起成为话题引领者，打造有影响力的产品品牌形象，最关键的是要确保产品能够满足用户的需求并解决用户的实际问题。以下是一些建议：

（1）倾听用户。与用户建立密切的沟通和联系，了解他们的需求和关注点。通过收集用户反馈和数据，了解用户的兴趣和痛点，从而更好地设计和改进产品。

（2）用户参与。鼓励用户参与产品的开发过程，例如通过用户调查、测试、反馈等方式，确保产品更贴近用户的需求，让他们感到自己的意见被尊重和采纳。

（3）创造社区。建立一个互动性强的社区平台，让用户能够分享彼此之间的经验和见解，形成良好的口碑传播。例如在社交媒体、论坛、博客、微博、社群、公众号等平台上积极参与并与用户互动，回应用户的评论、问题和建议，并分享有关产品和服务的最新信息。

（4）优化产品。提供优质的产品和服务，确保产品具有卓越的功能和品质，并提供优质的服务和支持。通过提供超出用户期望的产品和服务，赢得用户的青睐和口碑，以增加他们对于产品和品牌的忠诚度。

（5）创新和差异化。确保产品在市场上具有独特性，这是吸引用户和成为话题引领者的关键。通过引入独特的功能、提供个性化的用户体验、探索新的营销策略等方式，用户会愿意分享他们的体验和感受，成为产品的忠实拥护者和话题引领者。

（6）社交媒体营销。在社交媒体上分享有趣、有用、具有启发性的内容，与用户建立联系并激发他们的热情。可以分享有关产品的幕后花絮、设计师的访谈、用户的成功故事等，让用户更深入地了解产品和品牌。同时鼓励用户分享自己使用产品的照片、视频或故事，以此吸引更多潜在用户和关注者。

（7）培养品牌大使。鼓励用户成为品牌的拥护者，对于那些积极参与并分享产品的用户给予适当的奖励和认可，为忠实用户提供特殊优惠、优先体验新产品的机会，以及与其他用户分享他们的使用经验和感受，将最积极和最忠诚的用户发展为品牌大使，并通过他们的影响力传播品牌

47

信息。

（8）持续改进。不断地改进产品，根据用户的反馈和需求进行优化和更新，这样用户会感到他们的声音被听到和重视，更愿意成为话题引领者。

通过以上策略，用户和产品可以形成积极的互动关系，共同推动产品成为话题引领者，吸引更多用户关注，为打造有影响力的品牌形象打下基础。

稀缺思维带来在乎，潮玩思维带来风潮

稀缺资源理论是经济学中的一种重要的理论，主要是指在一定条件下，资源的供给无法满足需求的情况。稀缺资源不仅仅是物理资源，还包括时间、技能、经验、人力、市场等资源，这些在商业策略的制定中同样重要。

稀缺会让资源的价值得到提升，至于会提升多少，不取决于资源本身的价值，而取决于资源的稀缺程度。如果缺乏的程度一般，则资源的价值就不会升得很高；如果缺乏的程度严重，则资源的价值就会水涨船高，即便高出资源本身价值数倍、数十倍也是正常的。

小时候看《淮海战役》，战役进行到最后，杜聿明集团三个兵团的30

万人被围陈官庄，不仅士兵缺衣少食，围困区的百姓也生活艰难，甚至出现了一枚金戒指换一张饼的情况。那时第一次明白了老人常说的"物以稀为贵"的意义，资源本没有价值，是因为人们需要它，所以才有了价值。

如今的地球上，钻石的价格远远高于土，但如果在一个钻石行星上有人类居住，估计土就会成为稀罕物，谁拥有一点土，谁就很了不起，遍地的钻石谁还能看得上呢！这也是物以稀为贵的道理。

对于物以稀为贵解读得最为深刻的，永远是商业领域。商业交易的本质就是以需求换取利益，需求的本质就是缺乏，因为缺少某项产品或服务来满足自己的需求，所以就需要通过交易得到这项产品或服务来满足自己的需求。

如果一个人或少数人需求某项产品或服务，则该产品或服务的商业价值不会被抬高，甚至还会因为供大于求而导致该产品或服务的价值下跌。如果多数人或所有人都需求某项产品或服务，则该产品或服务的价值必然会在短期内大涨，因为供不应求，经过市场博弈价格提高是必然的结果。等到什么时候供求失衡被缓解了，该产品或服务的价值才会回落。如果供求平衡了，则该产品或服务的价值会回到其本身的价值；如果供求比再度失衡，变成供大于求，则该产品或服务的价值会继续下跌。

商品交易的价格就是跟随供求比的关系在不断起伏的，企业的经营策略也会随着供求比的关系而不断调整。但是，并非所有企业都能在供求关系比中恰到好处地安放自己，即在供不应求时加紧生产，在供求平衡时放缓生产，在供大于求时减少生产。我们经常看到的现状是，企业在供不应求的初期反应不过来，在供不应求的高峰期选择入局，在供求平衡时加紧生产，在供大于求时仍不减产，直至供求比严重失衡、供给超标而需求极度萎靡后才想到减产。先是因为错过了正确的入局期而无法将利益最大化；后又因为错过了正确的出局期而无法将损失最小化。等于在用一般化的利益来抵御最大化的损失，好的结果是白忙一场，坏的结果就是损失惨重。

为什么要花如此大的篇幅来阐述这个看起来好像谁都知道的问题呢？因为貌似人人都能知道的事，往往是最不容易做好的，原因是道理太过简单了，导致在操作时不能正确对待而错误百出。

稀缺思维谁都懂，但如何运用稀缺思维却如千古难题一般。例如一百多年前美国西部的淘金热，结果去淘金的几乎都没赚到钱，反而越来越穷，有的甚至还搭上了性命，但卖水的、制作工具的、开旅馆饭店的反倒都赚到了钱，做牛仔裤的还直接做成了世界级品牌。

区别就在于是否通过稀缺思维洞察到了实际的需求。淘金的蛋糕非常大，但参与的人也特别多，导致平摊到每个人身上的机会少得可怜。大量的淘金者等于形成了另一些新兴市场。当绝大多数人的眼睛都盯着黄金时，极个别人的眼睛却盯上了淘金者，他们将为黄金"服务"变成了为淘金者"服务"，一个小小的思维转变，商业之路瞬间打开。

这就是最典型的用户思维，只有具备了这种思维的人才能发现真正的需求市场，也才能将注意力放在实际存在的需求上。

第一部分 未来商业模式的基础思维

为需求服务就要求提供服务者必须"走进"用户内心，以用户的视角审视用户的需求，并以最适合的方式为用户提供最需要的产品或服务。这种贴近用户内心建立起来的商业模式是极具生命力的，等于按住了大众心理结构上的驱动按钮，之后便会有源源不断的需求驱动着产品或服务的产生与进步。

而且，在为用户提供合适的产品或服务的过程中，为了让需求始终保持在高契合度上，就必须让所提供的产品或服务始终具有稀缺性，通过稀缺让用户在乎；同时，为了让需求被用户持续性接受，则需要不断改变所提供产品或服务的时代感，即以流行的潮玩思维为用户带去时代的气息。

下面，针对稀缺思维带来用户的在乎和潮玩思维带来风潮进行详细阐述，以便让大家更好地理解这两种思维如何帮助企业确立和改进商业模式。

1. 稀缺思维带来在乎

这个时代的人们，随时都会面临大量的选择和机会，但同时也会感到时间、资源和注意力的稀缺。这种稀缺性为企业提供了有利的机会，即通过运用稀缺思维来引起用户的在乎，从而提高产品或服务的吸引力和价值。

（1）通过创造独特而有限的资源或产品吸引用户。这体现在限量版产品、独家合作、短期优惠等方面，让用户感到这是一个特别的机会，从而产生强烈的在乎感。例如，苹果公司经常推出限量版产品，吸引了众多粉

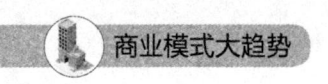

丝的关注和购买欲望。

（2）通过时间限制或数量限制促使用户更快速地行动。企业可以设置时间敏感的优惠、活动或抢购，让用户在有限的时间内做出决策。例如，电商平台经常推出限时抢购活动，吸引用户在短时间内下单购买。再如，LV、GUCCI等奢侈品经常推出限量版的手袋、鞋子等。

（3）通过定制化服务、个性化推荐等方式让用户感到自己是独一无二的。当用户感受到产品或服务是为他们量身定制的，就会更加在乎并产生更强的情感连接。例如，许多订阅箱服务会根据用户的喜好和需求定制每个月的产品内容。

（4）提供独到的专业知识、内部消息或行业见解，让用户感到获取这些信息是难得的。这种策略不仅会吸引用户的兴趣，还会增加他们对企业的信任和认同感。例如，许多媒体和顾问公司会定期发布行业报告或专业见解，来吸引读者关注并提升其自身影响力。

2.潮玩思维带来风潮

潮玩思维作为一种创新和引领潮流的方法，通过创造性的产品、体验和营销手段，引发风潮并赢得用户的热烈关注。以下将结合具体案例的形式阐述潮玩思维如何引领风潮。

（1）肖像模式。近年来，以脸部肖像为主题的玩具、艺术品等成为潮流。这种趋势通过将个人化和创意相结合，创造出独特的产品。例如，Funko POP是一系列小巧的人物玩偶，其以简约的外形和丰富的肖像为主题，赢得了众多收藏者的喜爱。这种模式既满足了用户对于个人化的需求，还将流行文化和艺术结合了起来。

（2）AR与互动体验。AR即增强现实技术，企业可以通过AR技术将虚拟与现实世界融合，创造出独特的互动体验。例如，Pokémon Go游戏利用AR技术将口袋妖怪置于现实世界中，玩家需要在现实中探索并捕捉虚拟生物。

（3）潮流合作。品牌合作可以将不同的创意和影响力结合在一起，吸引更广泛的受众。例如，Supreme与Louis Vuitton的联名系列引发了一场街头时尚与奢侈品的碰撞，吸引了大量消费者和媒体的关注。

（4）社交媒体传播。通过在社交平台上发布有趣、有创意的内容，品牌可以迅速引发话题并吸引用户的关注。例如，DogeCoin是一种以狗为主题的虚拟货币，通过社交媒体上的传播和互动，吸引了大量网民参与，形成了一场数字货币的热潮。

（5）反传统设计。潮玩思维常常打破传统的设计和审美规范，创造出令人眼前一亮的产品。例如，Balenciaga的"三层外套"以其离经叛道的设计引发了轰动，成为时尚界的一大亮点，既引领了一场潮流，也让人们重新审视时尚与设计。

综上所述，潮玩思维通过创新、合作、互动和社交传播等方式，成功引领了一系列风潮。企业通过不断地创造出新颖、有趣的产品和体验，来激发用户的兴趣，引领潮流，并在竞争激烈的市场中取得成功。

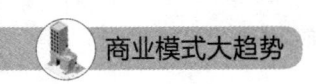

让你的产品成为社交货币

在当今社交媒体充斥人们的日常生活的时代，产品不仅仅是物质的存在，更成为一种有力的社交货币。通过产品，人们不仅能满足自己的实际需求，还能建立社交联系，表达身份认同，并在社交媒体上展示自己的生活方式和价值观。

这也是社交媒体能顺势崛起的原因。社交媒体使得人们的生活越来越公开透明，人们乐于在网络上分享自己的生活片段、购物体验和产品使用感受。例如，一个时尚达人分享自己的新款包包或服装，这不仅是一种展示自己时尚品位的方法，更是一种与拥有相似兴趣的人建立联系的途径。在这个过程中，产品成为社交谈资，促使人们不断追求独特的、有品质的消费体验，以赢得他人的关注和认可。

社交媒体平台赋予了个人和品牌巨大的社交影响力。一位拥有大量粉丝的社交媒体名人，可以通过展示自己使用的产品，而为产品带来极大的曝光度和认可度。品牌也可以与这些名人合作，借助他们的影响力在社交媒体上进行推广，从而让产品成为更多人追逐的对象。

就这样，网红经济在顺其自然中诞生了。当我们谈论"网红"时，都

第一部分　未来商业模式的基础思维

在谈论什么呢？

刷爆朋友圈、无数人跟风、全网流行、品牌抢滩、话题性、购买力、爆款、引战……

无论是哪一种，"网红"背后折射出的强大社交传播力，用"惊天动地"来形容绝不违和，顶流网红的一言天下知，绝对是让所有做品牌、做市场的人都眼红的存在。网红模式就像病毒一样疯狂传播，由点及面，由局部到整体，快速席卷社交网络。

这种席卷形成的最直接的现象就是"街谈巷议"，让原本和人们生活没有关系的事物成为人们茶余饭后的谈资，出现在各种人际关系里面，人们非常愿意谈及。

由于流量的带动，让一些被大众广泛熟知或者在短期内火爆的产品，具备了社交货币的属性。

"社交货币"的概念，网上说法不一，有人将其定义为用来衡量用户分享产品相关内容的倾向性（的工具），有人将其定义为人们愿意传播的某种共识，还有人将其广义地概括为"谈资"。

关于"社交货币"一种比较正规的定义是指，在社交网络或在线平台上，用于衡量用户社交活动、影响力和互动的一种度量标准。社交货币可能包括点赞、分享、评论、关注者数量等，反映了用户在社交媒体上的参与程度和影响力。这种概念有助于衡量用户在网络社交中的表现，并可能影响他们在平台上的"能见度"和声誉。

55

社交货币只能让用户在社交场合凸显出价值力，并且他人能够很好地理解该价值，从而换回他人的认可。例如，在社交平台晒Keep奖牌的人，是不是都在传输类似的信号——"我很自律""我很健康""快夸我"。而围观者也能充分认识到奖牌的获取确实是需要达到一定的条件的，因此也能够对这一行为表示积极的认可，如此，喜欢晒Keep奖牌的健身达人就越来越多，直至逐渐形成一种象征着自律的社交货币。

社交货币具有很强的圈层性，却不限于本圈层内，就像晒Keep奖牌的健身圈子，围观的多数都不是健身圈子的人，或者最起码也不是能拿到奖牌的健身圈子里的人。如果由某个既定圈子流行到其他更大的圈子，就可称之为"破圈"。所以，判断一个产品或品牌有没有打造出社交货币的性质，就是看用户愿不愿意自发地、主动地、大范围、集中式地传播。

将产品打造成社交货币，一方面能够让用户在自发传播中打出口碑，另一方面能够通过社交裂变的传播方式实现消费的指数级增长。

产品成为社交货币不仅是用户的需求驱动，也是商业营销的变革趋势。品牌不再仅仅关注产品的功能和特点，更关注产品如何与用户的实际生活和情感相连接。通过在社交媒体上传播品牌价值观、故事和产品体验，品牌可以更深入地与用户互动，建立忠诚度，提升口碑，推动销售增长。

因此，当代社交媒体的兴起已经改变了人们的消费态度和消费行为。

产品不再仅仅是功能和外观的简单堆叠，更是一种社交货币，代表着用户的身份认同、生活方式和价值观。品牌需要通过构建与用户的情感联系，让产品在社交媒体中成为有力的社交谈资，从而赢得用户的关注、认可和购买。这种变化不仅影响了用户的行为，也引发了商业模式和市场营销策略的深刻变革。

用户是真正的幕后老板

多年前，看到一则不起眼的新闻，给我留下了深刻的印象：

澳大利亚一家小餐馆生意冷淡，老板挖空心思想出一招，即就餐后，由顾客自己决定该付多少钱。此招一出，餐馆名声迅速扩大，很多人不远千里慕名而来，就为到这家店里当一回"自助老板"。虽然也有极少数人是来贪便宜的，就餐后只给很少的钱，但大多数人都能根据市价进行估价，还有的人因为把握不准价格而多付钱。

自从使用了这个营销模式后，该餐馆每日的营业收入比同行高出两倍，后经统计，45%的顾客按标准付款，52%的顾客超标准付款，只有3%的顾客钻空子占便宜。

顾客为什么愿意来这家餐馆？又为什么愿意多付一点钱？就在于得到了来自他人的充分信任。几乎所有的店铺都喊着"顾客是上帝"，但又有几家真正将顾客当作上帝呢？这家小店做到了，顾客来此消费得到了极大的尊重，真正找到了当"上帝"的感觉。

当然，这种模式只能是个别的，如果很多饭店都这样经营，那么这种模式对人的冲击力也就不存在了。而且事实上，这样的模式已经不适合现代商业环境了，之所以将它写出来，是因为其对于现代商业仍有很大的启发作用。

"为用户创造价值"是一切商业模式的基本常识，通过产品、服务或体验感满足用户的需求和期望，包括提供实用的产品功能、解决问题、节省时间或金钱、增加便利性，以及提升用户的生活质量等。不同的产品或服务在不同的领域可以通过各种方式为用户创造价值。

但是，喊出口号与实际践行有着本质的区别，很多企业只是口号喊得足够大声，却做得很不到位，以致不仅没有真正为用户创造价值，还从用户处掠夺价值。但是，在互联网时代，个体用户凭借自媒体的影响力，有时能够掀翻一家企业。

201×年，一名消费者通过社交媒体平台购买了某品牌的家电产品。然而，这款产品在短时间内出现了严重的质量问题，多次维修无果，引发了这名消费者的极大不满。面对企业漠视的态度，这名消费者决定利用自己的社交媒体账号，分享自己的购买经历和遭遇，以期引发关注和警醒其他人。

这名消费者以真实、详细的语言描述了产品问题的严重性，并附上了多张照片和视频作为证据。这个帖子一经发布，便在社交媒体上引起了广泛的关注，网友纷纷转发和分享，很快就引起了更多用户的共鸣，很多用户纷纷留言表示曾经或正在经历类似的遭遇。

之后，这个帖子的影响迅速扩大，引发了官媒和商业媒体的关注，多家新闻媒体纷纷报道这一事件，并对该企业的产品质量和售后服务进行了深入调查。随着舆论的逐渐聚焦，该家电企业开始感受到来自用户和公众的压力。

最终，迫于用户的自媒体抗议和公众压力，该企业不得不正面回应问题，并承诺采取措施解决那名消费者所遇到的产品问题，同时被迫采取了一系列措施，包括召回受影响的产品、免费更换新品、加强质量监管、改进售后服务等。然而，由于此前企业长时间的不作为和忽视，使其公信力已严重受损，导致市场份额和声誉大幅下滑。

该案例生动地展示了个体用户是如何通过自媒体的影响力发声维权，并最终对企业产生重大影响的。类似这样的案例还有很多，无不在警示企业必须重视用户的声音，及时回应问题，以免因不当处理而引发危机。在信息传播日益迅速的今天，用户的影响力不容小觑，其声音可能在短时间内影响整个企业的命运。

与上述企业这样"初期不作为，后期紧弥补"的做法形成鲜明对比的，是一些从一开始就把用户捧在手心里的企业，它们不仅把用户当作上帝，还认为用户是企业的幕后老板。

其实，这种将用户当作企业发展幕后老板的思维，是现代商业模式下必须具备的常规思维。因为随着互联网和社交媒体的兴起，用户的声音变得越发重要，他们的喜好、需求和反馈直接塑造着企业的战略、产品和形象。

多年来，苹果公司一直致力于推出创新的产品，如iPhone系列、Apple Watch系列等。这些产品之所以大获成功，很大程度上归功于用户对其设计、功能和体验的积极评价。可见，是用户的需求和期望驱动着苹果不断改进和创新，确保其产品始终与时俱进。

类似地，小米公司也非常注重听取用户的反馈意见，并在新产品发布前进行广泛的市场调研。小米的创始人雷军曾表示，用户就是公司的投资者，只有满足了用户的需求，才能获得成功。

企业的成功离不开用户的支持和认可。用户是市场的驱动力，是销售额的来源。一个企业无论多么强大，如果不能满足用户的需求，最终也难以持续发展。在这个信息透明的时代，用户的意见和评价很容易被传播，进而对企业形象产生深远的影响。

社交媒体为用户提供了表达意见的平台，而企业也积极利用社交媒体与用户互动。用户的点赞、评论、分享等行为成为企业了解市场的窗口。企业通过社交媒体不仅可以向用户传递信息，还可以倾听用户的声音，调整策略。

用户的口碑对企业影响巨大。用户的评论和评价往往影响其他人的购买决策。正面的口碑可以给企业带来新客户，扩大市场份额；而负面的口碑则可能导致企业声誉受损，销售额下滑。

用户参与还可以促进产品的创新。开放式创新模式中，企业与用户共同合作，共同开发新产品或解决问题。例如，LEGO通过"创意平台"邀请用户提交设计，然后由用户投票选出最受欢迎的设计，从而推出新的玩具产品。

总之，用户是企业发展的真正幕后老板。他们的需求、喜好和反馈决定了企业的走向和命运。在竞争激烈的市场中，企业需要不断倾听用户的声音，优化产品和服务，与用户建立更加紧密的联系。只有积极回应用户的期望，才能实现长期的成功和可持续发展。

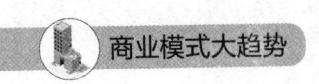

第三章　新营销就是一场剧本杀

互动是新商业模式的基础原则

消费需求真实存在,这是不争的事实,但另一个事实是,消费需求很难转化成商机。这个问题看似复杂,涉及方方面面,但本质原因在于无法精准把握用户,拿捏用户心理,说到底就是并不知道用户真正需要什么,好像消费者的需求都摆在那里,但就是不能准确切入。

那么,该如何精准把握用户的需求呢?关键点是提升企业与用户间的交互,精准触达用户,洞悉用户行为,精细化服务用户,提高用户的满意度和忠诚度。

的确,互动是新商业模式的基础原则之一。在数字化时代,互动性成为企业与用户之间的关键。通过与用户建立更加紧密的互动和沟通,企业能够更好地了解用户需求和偏好,从而提供更加个性化、定制化的产品和服务,增强用户黏性,促进销售增长。此外,互动还可以增强用户体验和品牌认知度，提高产品口碑和用户参与度，从而为企业带来更好的商业效果和长期盈利。

小米已经是国内顶级品牌了，小米的产品已经成为品质的保证和时尚的代名词，如今的小米已经不需要在宣传中告知用户"我的产品有多么多么好"，而是只要保持产品热度，就能让越来越多的人路转粉。但在小米创立之初可没有这样的人气，面对国内的大品牌手机，小米可以说完全没有与之一战的实力，但它却依靠一套顶级商业模式将品牌推向了成功。

那么，小米是怎么做营销的呢？除了被广泛熟知的饥饿营销外，其最开始用的是互动营销！互动在当下不是新鲜营销词了，但在彼时确实相当新鲜，新鲜到只要正确运用这套模式，产品就必然会打开市场。小米仅仅通过100个铁粉，就把产品推出去了，这是非常值得研究的！为什么一定是互动营销？可以用一个形象的例子做解释，比如小孩子喜欢用乐高积木搭各种小玩意儿，越搭越开心，越搭越想做到更好。这种心理源自人们会对自己不断投入时间和情感的事物越来越喜欢，越来越放不下。互动就是借助充分参与调动出用户的表达欲望，使其"放不下"。因此，既然大部分用户都有强烈的希望参与到产品和服务的提升当中去的想法，那么企业就要创造条件让用户去参与，让用户感到自己距离企业核心非常近，黏性和忠诚度都会增强。而且用户不断地参与到品牌建设、产品调试、服务建设中，当看到成果后，就会有一种成就感，会愿意主动帮助企业去传播。

企业与用户建立交互的核心，是为了创造流量和转化流量，因此企业与用户建立交互，是为了与用户建立长期的互动关系，满足企业与用户双方的利益。从企业与用户建立交互的核心出发，可以明确整个流程都是围绕企业与用户关系建立的。因此为了满足用户个性化、企业数字化的需求，新商业模式须从以下几个维度考量。

（1）快速洞察用户特性。当用户通过外部渠道接触到品牌，企业可以快速根据用户行为、轨迹等分析出用户需求，使得后续服务更贴近用户意向。

（2）实时性答疑解惑。当用户有疑问时，企业需要实时给予解答，以方便用户快速了解产品和服务的相关内容。

（3）个性化沟通触达。企业与用户建立交互的后续行为，以保持连续沟通状态，可以有针对性地培育用户。

（4）不断优化营销策略。企业应根据各类活动、内容触达情况，收集有效数据，监测转化效果，找出其中无效转化操作，并实施优化改进策略，促成真正的商机转化。

互动不仅是新商业模式的基础原则之一，也是情感来源之一。在互动中，用户和企业之间建立起了紧密的联系，用户对企业产生了信任和忠诚度，同时也对企业的产品和服务有了情感投入。

在进行情感投入之后，用户会更加关注和关心企业的产品和服务，进而成为企业的忠实粉丝和推广者。同时，企业也需要更加关注用户的情感需求，以给用户提供更加符合情感需求的产品和服务，在实现情感共赢的同时推动企业的发展。那么企业该如何与用户进行互动呢？下面给企业提供建立在新商业模式下的互动策略。

1. 全渠道用户判定追踪

企业可以借助可视化 CMS 系统快速搭建营销官网，整合打通线上线下所有营销渠道，构建适配各渠道营销获客的场景，以无限触达的形式为企业与用户之间的交互打下"根据地"。要想实现这一方案，需要满足以下两项条件：

（1）营销官网具有营销数据的监测、判定能力，可以自动区分各渠道涌入企业营销官网的流量来源，自动整合、清洗线索数据。

（2）CRM 系统能够自动追踪用户行为，在后台实时查看用户的浏览页面和轨迹，并以时间轴的形式存档于企业的后台线索池中。

因此，企业能根据用户在营销官网的互动行为对用户类型进行精准判定，从而快速挖掘高价值线索，多维度绘制用户画像，清晰了解用户需求。

2. 个性化触达

企业向用户的触达应该是不同形式且具有个性的，可以满足不同用户的需求，通常包括三种方式：

（1）在线人工客服系统实时触达。具体地说，就是企业的在线客服系统应实时解答用户疑惑，提升企业与用户间的交互质量，为用户提供售前、售中、售后的全场景服务。

（2）自动化回复与邮件触达。高度自定义企业聊天窗口、自动回复话术等，根据预设行为、时间等条件设定自动化电子邮件为用户发送内容。例如，用户访问网站时的信息体现出其对某款产品的某项功能感兴趣，系统将自动向该用户邮箱发送该产品的详细介绍和相关用户案例；也可以设定系统在用户生日当天向其发送祝福邮件，并附上用户感兴趣的产品的体验链接。

（3）内容体系触达。设定内容管理中心，将所有营销内容都集于其中，并保持营销内容的持续曝光，形成长尾效应。再通过外链的形式，将用户感兴趣的营销内容发到其能触达到的渠道中，以实现长期引流获客，促成企业私域流量池的形成。

3. 实时优化营销策略

营销绝非一成不变，须基于对用户的深入了解，并根据用户的行为进行实时优化。例如，当按照预期的策划计划对用户进行内容触达后，还需要在后台实时追踪评估各项数据，并监测每次触达的效果，将无效的营销操作优化掉，以收获有价值的交互。

一旦存在一部分用户，即便长期营销，依旧消费意向不足。那么，这部分用户是不是就彻底放弃呢？答案是否定的，他们之中一定有资深"选择困难症者"，正在为是否消费做最后的挣扎，因此需要针对这部分潜在用户继续深挖需求，了解用户顾虑，及时对用户个性化营销内容进行调整，才有可能实现转化。

剧本杀营销思维的体验完整性

剧本杀在年轻人中的热度已无须多言，如果你还没有体验过……那你可能……已经不再年轻了。

剧本杀是源于欧洲的一种线下娱乐游戏，2016年《明星大侦探》真人秀综艺推动了剧本杀在国内的流行，不仅线下各种剧本杀门店星罗棋布，相关App也快速涌现。民间的剧本杀就是5～10人通过剧本设定，扮演一系列角色的游戏过程，通常以案件推理为主要剧情，类似于之前狼人杀的丰富和升级版本，且不同的剧本能给玩家带来不同的新鲜体验。

剧本杀为什么会在近几年越来越受到年轻人的欢迎？透过现象看本质，会发现剧本杀所赋予的其实是具有沉浸式的完整性体验升级。这种体验极具深度，具有"玩一次记住一生"的效果。

如果以为剧本杀仅是线下门店的一门生意，那未免太过肤浅，剧本杀模式已经被应用到大量的商业模式形态之中，因此也有大量的营销结合点。

新时代发展的背景下，沉浸式体验强化了用户对产品和品牌的认知，企业在为品牌进行定制化营销的过程中，为用户创造强交互、高趣味的沉浸式极致体验。这种难忘的体验，等于在用户心智中埋下了一颗品牌种子，极易触发重复消费，带动口碑传播。"当我戴上丝巾的时候，我从来没有那样深切地感受到我是一个女人，而且是一个美丽的女人。"奥黛丽·赫本这句话很明显地展现了丝巾在人们使用场景中的体验感，它能够让女性独具魅力且楚楚动人。可以说，赫本将她的粉丝和对产品有消费需求的消费者都带入了一个早已设定好的场景中，这个场景是美丽的，且美丽一定与丝巾有关，赫本戴着丝巾魅力四射地站在那里。消费者被这样美丽的场景吸引，会不自觉地脑补自己佩戴丝巾后的美丽状态，这就是最早期的"剧本杀"，各种广告也都是为消费者设定一种可促进消费转化的场景，并让场景带领消费者进行体验。

可以说剧本杀模式恰好完美契合了用户的极致体验需要，且因为剧本杀模式的体验完整性，使得用户可以深度参与。可以将剧本杀营销思维定义成一个系统性的引导方式，旨在通过剧本杀的特点和优势，结合营销策略，吸引和留住消费者。以下是结合剧本杀的营销思维的要点，虽然在设计商业模式时不能完全照搬剧本杀模式，但也必须借鉴其中的精华，才能打造出极致的、完整的、沉浸式的消费体验。

（1）精准定位。结合产品和品牌的具体特性和价值层级，明确产品和品牌的核心定位和目标受众，针对不同的消费者进行差异化营销。

（2）内容为王。这里的内容必须以产品本身为主，以高质量的产品设计、痛点击穿、消费场景覆盖和消费升级演变等吸引消费者。

（3）社交互动。强调消费者之间的互动和合作，如线上社交媒体、线下活动等方式，促进用户和潜在用户的交流和互动。

（4）氛围营造。这是极易被忽视的一项，不论是做线上线下广告，还是做宣传推广活动，都必须运用一切可利用的方式为产品营造出符合其定位和品位的场景与情感氛围，以提升消费者的沉浸感和体验感。

（5）口碑传播。做产品必然强调口碑，虽然是老生常谈，但始终有新的定义充斥进来。口碑已经不仅仅是产品或服务的好坏，还涉及消费者对产品或服务的体验过程，产品好，但体验不好，一样无法赢得消费者的口碑。只有让消费者对产品和服务全面认可，才可能通过消费者的口碑传播和推荐，增加产品和品牌的知名度与影响力。

（6）定制化服务。在新商业模式时代，个性化、定制化、差异化这些概念是必须实现的，企业必须针对不同的消费需求和偏好，提供个性化的服务和体验，以最大限度地提升消费者的满意度和忠诚度。

（7）分析与研究。这包括两个部分，分别是数据分析与市场研究，通过这两项的共同运作，了解消费者的行为和需求，优化产品和品牌的营销策略，提高用户留存率和转化率。

（8）社交媒体传播。剧本杀营销模式具有趣味性和互动性，有利于社交媒体上进行分享和传播，一些深度参与的消费者通常会在社交媒体上分享自己的参与经历，从而为企业进行免费的宣传。

（9）增值服务。企业可以提供与产品和品牌相关的附加服务，如定制

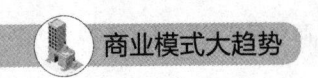

化宣传道具、特殊效果设定等，以增加产品和品牌营销过程中情节的丰富和趣味性，便于消费者以娱乐的方式接收到产品和品牌的信息。

（10）企业还可以提供与其他娱乐形式相结合的多元化营销，以扩展合作伙伴关系，实现更多营销机会。

通过对以上融合剧本杀的营销思维要点的阐述，可知提升产品和品牌市场竞争力的根本在于为消费者营造出"沉浸式"的消费场景，具体可通过时间、空间、人员、道具、产品、活动乃至科技、文化、艺术等因素，构筑起与目标用户沟通、互动的画面，通过"看点"吸引用户关注、介入，通过"趣点"吸引用户参与、互动；解决"痛点"，最终为实现品牌增长赋能。

总之，将剧本杀融入营销策略中，可以为商业模式带来多样化的营销思维，增加企业与消费者互动的机会，增强产品和品牌的曝光度，扩大市场份额。

让用户进入带情境的表演模式

演员拿到剧本时，首先要做的就是熟悉剧本，包括故事情节、人物设定、相关人物等，都是为了更加了解自己所扮演的人物角色。只有了解角色，才能诠释好角色，这是做演员的基本功。

用户不是职业演员,但用户有时可以是临时演员,并非用户真的想要演什么角色,而是突然而至的角色加之于其身,使之不得不进入角色之中。

哔哩哔哩上有一个名场面,一位西安大哥介绍大雁塔前后不同的两种表现。起初他不知道这是电视采访,就说大雁塔有什么可看的,就是唐朝翻译经文的地方。但说完之后他迅速反应过来这是要上电视的,瞬间画风突变,对仪表稍作整理后,郑重其事地用普通话对着镜头介绍大雁塔,还顺便介绍了西安的其他名胜古迹。

之所以前后变化如此之大,是因为他给自己设定的角色发生了转变,从一位普通当地人变身为城市宣传者。这就是角色带入的重要意义,可以让人主动做与自己角色相符合的事情。

随着科技的迅猛发展,用户与产品之间的关联度越来越深,用户体验已经成为产品和服务成功的重要因素之一。为了吸引用户并提供令用户满意的体验,让用户进入带情境的表演模式变得越来越关键。这种表演模式可以在各种情境下应用,从虚拟现实到在线购物,从教育培训到娱乐产业,都可以运用。

为了让用户进入带情境的表演模式,企业需要为用户创造出足以引人入胜的情境,具体做法可以通过场景设定和虚拟现实技术,借助视觉、听觉和触觉等感官刺激来实现。场景设定必须精心设计界面、音效和图像,帮助用户沉浸在特定的情境中。虚拟现实技术则可以将用户带入逼真的环

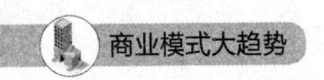

境，让他们感觉好像置身其中。

为了更好地让用户进入表演模式，必须了解用户的兴趣、偏好和需求，并根据这些信息为用户打造定制化的情景，增强他们的参与感。个性化体验不仅可以体现在内容上，还可以体现在用户界面、互动方式等方面。

一个成功的带情境的表演模式需要鼓励用户主动参与，可以通过设定挑战、解谜、互动游戏等方式实现。用户在参与的过程中会感受到成就感和满足感，从而更深入地投入情境中。此外，社交元素的加入也可以促进用户之间的互动，增强用户体验。

为了让用户保持在表演模式中，须及时给予用户行动的反馈，帮助用户了解自己的表现，从而作出适当的调整。这种反馈可以是视觉上的，如进度条和得分，也可以是听觉上的，如音效和语音提示。

用户在完成任务、解锁成就或取得进展时，可以获得奖励，可以是虚拟奖励，也可以是实际奖励。此外，展示用户的成就，如排行榜、勋章等，也能增加用户的参与度和投入感。

对企业而言，让用户进入带情境的表演模式主要有三个好处：①增强用户黏性，让用户更愿意长时间地使用产品或服务；②用户投入的提升会带来更多的互动和共享，扩大品牌影响力；③满意的用户体验会转化为口碑传播，为产品带来更多的潜在用户。

总之，让用户进入带情境的表演模式是提升用户体验的一种创新方式。通过创造引人入胜的情境、个性化体验、互动与参与、反馈与调整、奖励与认可等手段，让用户更深入地投入所呈现的情境中。不仅对用户有益，还能为企业带来更多的机会和好处。

用户期待自我完善和人格生成

华为创立于1987年，2022年全球销售收入6423亿元，同比增长0.9%，总体持平；净利润356亿元，净利润率5.5%。

为什么华为在短短三十余年间就获得了经营上的巨大成功？其中企业文化起到了重要的作用。《华为基本法》对企业文化作了这样的描述：

"资源是会枯竭的，唯有文化才会生生不息。一切工业产品都是人的智慧创造的。华为没有可以依存的自然资源，唯有在人的头脑中挖掘出大油田、大森林、大煤矿。精神是可以转化为物质的，物质文明有利于巩固精神文明。我们坚持以精神文明促进物质文明的方针。"

华为的核心文化是什么？《以奋斗者为本：华为公司人力资源管理纲要》中给出了解释，即"以客户为中心，以奋斗者为本"，正是这样的顶级企业文化，为华为的发展注入了强大的能量。

一家企业，股东需要投资回报，员工需要劳动回报，而用户只需要服务回报。因此，只有服务好用户，创造出最大价值，才能形成源源不断的现金流。

任正非在演讲中多次提到华为的魂是客户，只要客户在，华为的魂就永远在。再往深里说，华为的魂其实是"以客户为中心"。华为的目标性和执行力都很强，并富有使命感，能够时刻关注客户需求。华为的经营围绕着华为在客户心中的价值这个目标和结果进行努力，员工以结果为导向，再苦再累也坚持以客户为中心，长期占据客户的心智认知。

其实，在"以客户为中心"方面，世界上的大企业都非常重视，可以说任何企业想要做大，都必然将用户放在中心位置。曾有媒体问杰夫·贝索斯："亚马逊的目标是什么？"贝索斯不假思索地回答："我们的理想是成为地球上最以用户为中心的公司。"

在亚马逊有一个不成文的规定，公司开会时要刻意为用户留一把空椅子，目的是提示与会人员必须考虑正坐在这把椅子上的用户的感受。亚马逊还设有"提高用户体验专员"，目的是不让用户体验失分。据传，"提高用户体验专员"一旦有"情报"，亚马逊的员工就会感到紧张。

如果只说世界级大企业"以客户为中心"，广大中小微企业和一些尚未成为世界级企业的大企业一定会感到不服气，他们会说："以客户为中心"这样的低认知概念谁又能不知道呢？当前时代创业者哪个不是将用户放在心尖的位置？但关键的问题是，知道"以客户为中心"和真正做到"以客户为中心"是两个概念，想得再好没有实现，一切都是白费。

如果说知道"以客户为中心"是低认知概念，那么做到了"以客户为中心"就是高认知行为了，这个高低差之间可能横跨整个宇宙的距离。

那么，这一低一高之间究竟差距在哪里呢？2008年，贝索斯在给股东的一封信中说："亚马逊通过'逆向工作法'来了解用户需求，耐心探索，不断磨炼，直至找到解决方案。"

相比于史蒂夫·乔布斯的"技能导向法"，即创新往往由技术驱动来完成，贝索斯奉行"逆向工作法"，将注意力放在用户身上，让用户获得愉快的体验。无论是苹果的方法，还是亚马逊的方法，还是华为的模式，它们最终殊途同归地指向了一句话"用户期待自我完善和人格生成"。

不过，只有真正"以客户为中心"，才能发现这句话，理解这句话，践行这句话，发扬这句话。

在各种新技术飞速发展的时代，人们对于自我完善和人格生成的期待越发显著，尤其希望借助科技手段实现更好的自我认知、情感掌控和创造新的身份与人格。这种期待反映了人们对于自我提升和个人成长的渴望，因为其涵盖了个人、社会和伦理等多个层面，故而非常隐秘，只有企业真正将注意力放在用户身上，才能发现用户这些无法言表的隐秘需求，并通过产品和服务的链接，尽力帮助用户塑造、增强甚至超越现有人格。其核心做法包含以下两点（并非要完全照着下面两点执行，而是要在结合企业实际情况具体执行时参照以下两点，或是融入以下两点）。

（1）技术的迅猛发展使得用户能够更深入地探索自己的潜能和局限。通过个性化的学习算法、大数据分析以及脑科学的研究，用户可以更好地了解自己的思维模式、情感反应和决策机制。这种了解有助于用户更准确地评估自己的优点和缺陷，从而制订更具针对性的自我需求计划和自我完善策略。

（2）虚拟现实技术的进步使得用户能够体验不同的身份和环境，甚至创造出与现实世界截然不同的自我。这种创造是一种自我的进步，是用户与世界接触过程中必然会产生的想法，用户此时要满足的需求，已经不是生存和安全所需，而是更高的精神层面需求的满足，这样的完善势必会激发用户打造更完善自我的愿望。

未来的商业模式一定会在帮助用户实现自我创造与突破上做得更好，这也是未来商业模式大趋势的必然路径。然而，技术上的辅助完善和生成，必然会伴随一系列的风险与挑战，故而用户的隐私保护和数据安全便成了不能忽视的问题。如果用户个人的思想、情感和行为数据被滥用或操纵，那么必将导致意想不到的后果。此外，如果过于依赖技术完善人格，那么可能导致对于人内在道德和价值观的忽视，使人变得越发虚无和缺乏真实性。

总之，用户对于自我完善和人格生成的期待在科技进步的推动下越发强烈。尽管技术能够提供新的可能性，但仍不能忽视其中的伦理危机和风险问题。因此，在追求自我完善和创造新人格的道路上，需要谨慎思考，并确保科技的发展符合人类的价值观和长远利益。

产品是剧本杀中的一个道具

在剧本杀游戏中，每个玩家都饰演着一个角色，而产品就像是这个虚构世界的道具，为故事情节的发展和角色之间的互动提供支持。这些产品可以是实际的物品，也可以是虚拟的概念，它们在游戏中扮演着不可或缺的角色。

例如，产品在剧本杀中充当着情节推进剂的作用。一个神秘的谋杀案件可以围绕着一件失踪的珠宝展开。这个珠宝就成了引发各种角色行动的根源，激发出推理和互动。通过该产品（珠宝）的串联，玩家在游戏中追寻线索，分析证据，推动故事的进展。

再如，产品有助于营造游戏的氛围和背景。通过描述不同的产品，游戏主持人可以在玩家之间创造出一种共同的环境感。在一个古装剧本杀中，通过描述角色们使用的道具、穿着的服饰以及摆放的家具，可以让玩家们更深入地沉浸在那个时代的氛围中。

通过恰当的设计和运用产品，剧本杀游戏可以更引人入胜，玩家们也能更好地融入虚构的世界中，尽情体验推理和角色扮演的乐趣。

在一本阐述商业模式的书中，不能仅讨论剧本杀这样的微观商业模

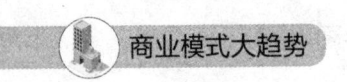

式,而是要据此引出可以影响甚至改变当前商业模式的新型思维。这就是本节的主题——道具思维。

什么是道具思维?在解释之前,先来分辨以下三个相近的概念。

(1)工具思维:对应物资相对匮乏,消费者不具备太多的选择主动权,购买商品为了解决基本需求,即使用感和便利性,同时基本满足定位学理论。

(2)玩具思维:粉丝占据主动,并主导产品发展,粉丝看中的不是商品的使用感和性价比,更多是娱乐性、参与感和体验感,多元化延伸,也许有利于产品的发展。

(3)道具思维:满足消费者的是归属感和优越感,要求所需求的商品除了具备工具属性和玩具属性外,还能提供彰显社会地位的"自恋"反馈。

因此,道具思维的概念可以解释为:消费者在追求集体归属和社会认同的内在心理的驱动下而购买特定的商品或特定的品牌,以彰显自身相对其他社会群体的优越性。例如苹果产品,除具有工具思维和玩具思维外,同时符合道具思维对产品的定义。由此可知,道具思维、工具思维和玩具思维并不冲突,甚至可以并存。

为什么未来商业模式必须具备道具思维呢?

道具思维强调的是产品与消费者之间的情感和故事性连接,而不仅仅关注产品的功能和外观。

苹果公司并非只是出色的硬件制造商，而是以其独特的道具思维在市场上脱颖而出。在 2001 年推出的 iPod 广告中，苹果没有仅展示产品的外观和功能，而是创造了一个音乐爱好者的情感故事。广告片展现了一个身穿黑色燕尾服的年轻人戴着白色耳机，畅享着音乐，整个场景充满了自由、激情和时尚感。这种情感上的共鸣让消费者不仅仅购买了一个音乐播放器，更是购买了一种生活方式和情感连接。

同样地，Nike 不仅仅卖运动服饰和运动鞋，更卖运动的激情、坚持的汗水和胜利的味道。Nike 的 Just Do It 的广告语也不仅仅是鼓励人们运动，更传达了一种积极向上的生活态度。通过打造一个与消费者情感共鸣的故事，Nike 创造了一个强大的品牌形象，让消费者愿意成为品牌的忠实拥趸。

与此相反，单纯的产品思维可能导致企业只注重产品的功能和技术规格，而忽视了消费者的情感需求。假设有一家公司生产高科技智能手表，它可以测量心率、步数等健康数据，但如果只将产品定位为一款智能手表，而没有考虑如何与用户产生情感共鸣，那么它可能只是一个功能堆砌的产品，无法在市场上长期引起消费者的关注。

由以上阐述可知，道具思维胜过产品思维的决胜点就在于场景性和情感性。道具思维强调将产品置于情感和故事的背景中，从而创造出与用户深入连接的体验。为什么烧钱的模式不好用了？不是用户不喜欢钱了，而是用户更加在意满足自身的情感需求了，因此免费模式甚至倒给钱，都赶不上情感模式与意义模式，它们能够让企业在创造共鸣、塑造忠诚和品牌形象的同时建立起意义链。在今天充满同质化产品的商业环境中，拥抱道具思维，以意义与用户深度关联，将成为创新和竞争的关键。

在此，又引出了一个概念——意义链，这也是道具思维的终极延伸。

企业建立自己的意义链是一个关键的战略举措，由一系列有着共同价值观和目标的元素组成，它们共同构成了企业的核心使命和意义。

首先，企业的核心使命应该在意义链中占据重要位置。这是企业存在的根本原因，体现了企业对社会的贡献和价值。通过明确的核心使命，企业可以向内部员工传递目标和动力，同时也能向外部消费者展示其独特性。

其次，企业的价值观和文化也是意义链中的核心要素。价值观决定了企业的行为准则和决策方式，文化则影响了员工的工作态度和行为。当企业的价值观与文化和消费者的价值观产生共鸣时，消费者更容易认同并支持该企业。

此外，企业在社会和环境责任方面的承诺是意义链的关键部分。越来越多的消费者关注企业的社会影响和可持续性努力。企业通过积极参与社会公益项目、减少环境影响等方式，可以在意义链中体现对社会的关注和责任。

总之，企业建立自己的利益链有助于在商业竞争中脱颖而出。企业通过明确核心使命、价值观与文化，关注社会和环境责任，能够创造出更为深刻的品牌意义，从而在市场中取得竞争优势。

第四章　不确定性时代让人内省

涌现和跳变时代

涌现和跳变是当代社会中常见的现象，它们在不同的领域和层面都有所体现。

涌现理论的主要奠基人约翰·霍兰德在《涌现：从混沌到秩序》一书中这样描述涌现现象："在复杂的自适应系统中，涌现现象俯拾皆是：蚂蚁社群、神经网络、免疫系统、互联网乃至世界经济等。但凡一个过程的整体的行为远比构成它的部分复杂，皆可称为涌现。"因此，可以这样理解涌现，即在一个系统中，个体间预设的简单互动行为所造就的无法预知的复杂样态的现象。

在大量个体或系统的相互作用中，整体行为和性质的出现及变化，不是简单地由个体行为的加总而来。涌现现象在自然界和社会中都十分常见，例如人类社会中的交通流动、市场动态、社交网络等，计算机科学中的网络流量、人工智能等，以及生物系统中的生态平衡、生物演化等。对于涌现现象的研究和理解，有助于我们更好地掌握复杂系统的行为和性质。

不得不承认，我们已经来到了"涌现时代"。这是一个传统体系快速走向暗淡的时代，但是传统的替代物还没有真正扩张起来，我们正处在新老交替间的那块混乱得令人焦虑且模糊的空间内。如果我们有能力成功管理好这一时期，就将进入一个创意过程的历史性时刻，在这个过程中，无序将让位于秩序，新的模式、决策或者结构将会逐渐可见。如果我们在商业、政治和技术领域选择拥抱和鼓励涌现系统，那么就会释放出前所未有的人类潜能。

变革不是一蹴而就的，也不是始终沿着同一个方向前进的，更不是一种秩序的无限延续，变革有时密集，有时稀疏，有时自上而下，有时自下而上。但凡涉及变革，模式竞争必然异常残酷，在很多时候需要回到基础的构筑能力，然后重新开始。在变革剧烈且前景并不明朗的时代，应对涌现并能尽力掌控涌现需要极强的对未来趋势的把握能力，也需要一些正确的方法来应对。

在讨论这个问题之前，先来看看"二战"时期的太平洋战争。美日中途岛海战后，美军夺回了战争主动权，后又经过残酷的岛屿争夺战，夺得了瓜达尔卡纳尔岛和巴布亚新几内亚岛。时间来到了1943年，美日之间的力量对比越来越悬殊，美国打败日本只是时间的问题。美军高层为了缩短战争进程，决定不再与日军展开诸岛争夺战，而是采用蛙跳战术，专挑关键岛屿占领，以求尽快靠近日本本土，迫使日本投降。后来证明，由海军和陆军联合行动的蛙跳战术成为战争史上海战的经典案例。

我们将思路拉回上文所讲的涌现时代上。一个涌现系统，是秩序可以从混沌中凸显的系统，也是一个权力和结构可以由网络而不是等级制度创造出来的系统。这时表现出来的行为是无限且多样性，这种丰富的复杂性难以在短时间内被全部破解，此时需要做的不是像拆解鲁班锁那样理解和破解每个步骤，而是要跳过其中一些难以理解的步骤，将复杂的问题尽可能简单化，待到整体进行得差不多了，再回头看那些曾经不解的地方，就会发现原来早已能够理解了。

这种先搁置有难度的和没有必要的、执行可以执行的和确有必要的行为方式，就是商业模式上的蛙跳战术，用商业术语讲则为跳变。在数字时代，不少传统工业企业在成熟期到来之前，试图找到新的赛道和增长空间，便可以进行"跳变"，在最有利的方面形成"第二曲线"。

其实，跳变并非被动地适应涌现的产物，跳变也是时代变化过程中必然会出现的主动性产物。脱离涌现的跳变则是在系统或个体的状态和行为中出现的快速、突然的变化，这种变化往往难以预测和掌控。跳变现象在许多领域中都有所体现，例如金融市场中的价格波动、社交网络中的用户行为变化、生物系统中的物种灭绝等。对于跳变现象的研究和理解，有助于我们更好地掌握系统或个体的动态变化和演化。

我们必须清醒地意识到，当下正处在一个液态的世界，所有的东西都在不断地流动，不断升级，变得越来越好。比如汽车，好像是我们能够想象到的最有形的东西，但是当你在睡觉时，特斯拉汽车也在不断升级，它的确变得越来越好了，这就是我们将要进入的一个新世界。

在涌现和跳变的时代，我们需要更好地理解和应对这些现象，同时也需要寻找适应这些变化的策略和方法，以更好地应对未来的挑战和机遇。

涌现时代可能涉及技术、产业或文化的变化，例如互联网的崛起和智能手机的普及就是涌现时代的典型例子。跳变时代则更多地关注意识形态、社会结构和重大技术创新的急剧转变，如工业革命和信息时代的来临。

总体而言，这两个概念描述了社会和科技变革的不同方式和速度。涌现时代强调渐进的、逐步积累的变化，而跳变时代则强调突然、迅速的巨大变革。

一切模式都是暂时性模式

几年前，在看一本计算机相关的书籍时，看到一段话觉得非常好，还做了摘抄："在计算机科学中，模式是一种在特定时间范围内解决特定问题的方法或策略。随着时间的推移，技术和问题可能会发生变化，因此解

第一部分　未来商业模式的基础思维

决特定问题的最佳模式也可能发生变化。例如在软件开发领域，有许多不同的编程模式和设计模式，它们在不同的时间和不同的上下文中可能具有不同的适用性。一些模式可能在某些情况下比其他模式更有效或更可靠，而其他模式可能在其他情况下更适用。"

我对这段话的解读是这样的：模式是暂时性的，因为它们只是解决特定问题的临时方法或策略，并且可能会随着时间的推移而发生变化。因此，我们在实际中总能看到这样的情况：抱歉，当前访问用户较多，请稍后重试；文档助手持续学习升级中，期待为你提供更优质的服务。

这种模式不固定，不只体现在计算机领域，而是在快速发展的时代，随着市场环境和消费者需求的变化，商业模式也可能需要不断调整和优化。三个月无法做大，蓝海就迅速变成红海，这就是快时代的尴尬，基础能力可以从一种商业模式跳到另外一种商业模式。

在如今飞速发展的商业环境中，"一切商业模式都是暂时的"这句话越发显得深刻而现实。商业模式作为企业运营的核心框架，不仅是盈利的路径，更是适应市场变化的关键。然而，随着科技、市场和社会的不断演进，商业模式也不得不不断变化，以适应新的挑战和机遇。

历史上的商业模式经历多次变革，例如从传统的实体店铺到电子商务的兴起，再到如今的共享经济和订阅服务模式。这些转变都彰显了商业模式的可塑性和适应性。

然而，这并不是说新兴的商业模式会永远取代旧有的，因为它们同样

85

可能被未来的模式所替代。商业模式的暂时性源于以下多种因素。

（1）科技的快速进步不断创造新的机会和挑战。互联网的崛起彻底改变了信息传播和交易的方式，让跨地域合作成为可能。随着科学技术的飞速发展，新的商业模式不断涌现，比如，电商、共享经济、移动支付等新兴商业模式都是技术发展的产物。

这些新兴商业模式快速崛起并逐渐取代了传统商业模式，随着人工智能、区块链等新技术的涌现，商业模式将面临更多的创新和颠覆。企业需要紧跟技术发展，不断探索新的商业模式，以适应市场的变化。

（2）市场需求和消费者行为也在不断变化。消费者越来越注重个性化、便捷性和可持续性，这推动了企业商业模式的变革，以满足新的期望。例如，传统的产品销售模式正逐渐向订阅服务和共享经济过渡，因为消费者更愿意享受使用权而非拥有权。只有满足消费者的需求，才能赢得市场和消费者的信任，并保持商业模式的持久性。

（3）全球化市场竞争和经济形势的波动影响商业模式的持续性。在市场竞争日益激烈的情况下，企业需要不断创新和优化商业模式，以应对竞争对手的挑战。企业需要深入了解市场环境和竞争对手的策略，及时调整自己的商业模式，保持竞争优势。

贸易政策、金融风险和地缘政治紧张局势都可能对企业的运营产生重大影响，迫使他们重新评估现有的商业模式，并做出调整以适应新的环境。

然而，面对商业模式的不断变化，企业不应该感到恐慌，而是应保持灵活性和创新能力，积极寻找新的商业机会。适应新模式的关键在于理解市场趋势、把握消费者需求，并不断优化自身的资源配置和运营流程。

总之，"一切商业模式都是暂时的"这一观点提醒我们商业世界充满了不确定性和变动性。一个快速变化的时代，其特点是新技术不断涌现，消费者需求日新月异，市场竞争日益激烈。这种环境对于企业来说既带来了机遇也带来了挑战。在这个充满机遇和挑战的时代，唯有不断学习和创新，才能在竞争激烈的市场中保持竞争力，创造长期的商业价值。同时，企业也需要具备创新精神，不断探索新的商业模式，以适应市场的变化和消费者的需求。因此，企业需要时刻保持警觉，随时准备调整自己的商业模式，以应对未来的变革。只有这样，才能在激烈的市场竞争中立于不败之地，实现长期的发展和成功。

还要强调一点，即使在快时代，一些具有持久性和适应性的商业模式也可能存在。这些商业模式可能能够更好地适应市场变化和消费者需求，并持续创造价值。因此，我们可以说，在快时代，商业模式的确具有暂时的性质，需要不断更新和优化，但也有一些具有持久性和适应性的商业模式存在。因此，企业需要保持辨识能力和对未来商业趋势的掌控力。

商业模式大趋势

"专、精、特、新"引领未来商业模式设计

"专、精、特、新"是近几年整个经济领域的热门词汇,但并非新概念,国务院在 2012 年就提出了"鼓励小型微型企业走专精特新和与大企业协作配套发展的道路"。

很多人可能对这四个字并不感冒,因为专(专业化)、精(精细化)、特(特色化)、新(新颖化)这四项好像都没有什么特别的,但企业经营往往离不开这四项。而且关键是,有多少企业真的做到了这四项,哪怕只是做到了其中的一项。事实上,做到一项的占比在所有企业中都非常少,而且如果仅做到了一项,便可以在激烈的竞争中赢得一席之地,做到四项的企业则将毫无疑问地成为世界上最成功的企业之一。

如今,国家将"专、精、特、新"作为经济战略提出来,就是要给广大企业,尤其是中小企业指明未来发展的方向。

我国中小微企业可以概括为"56789",即为国家贡献了 50% 以上的税收,创造了 60% 以上的国内生产总值,完成了 70% 以上的发明专利,提供了 80% 以上的城镇就业岗位,占企业总数的 90% 以上。它们数量庞大且极具创新力和鲜活性,对于促进经济增长、推动创新、增加税收、吸

纳就业、改善民生等方面具有不可替代的作用。

但中小微企业也是抵抗经济下行风险最弱的群体，很多中小微企业因为缺乏洞察国际国内经济发展新趋势和读懂市场行业形势的能力，再加之基本寄居在产业链的末端，导致它们极易陷入经营困局。国家充分看到了中小微企业的重要性，也明白制约中小微企业生存发展的现实困难，便想给广大中小微企业提供一盏明灯，让实力单薄的中小微企业也能在与资金雄厚、人才济济的大企业的竞争中脱颖而出，克服因技术含量不足、创新能力不足、人才积淀不足、企业家战略筹划能力不足等而导致的发展落后现象，提高企业整体素质，保持自身竞争优势。

国家帮助中小微企业的具体表现就是进行"专、精、特、新"布局，找准"专、精、特、新"定位，让中小微企业在被动中实现主动转型升级，突破制约生存发展的桎梏。

下面针对"专、精、特、新"四大特点进行详细解释，看中小微企业是如何引领未来商业模式的，又该如何依照此四个特点进行未来商业模式的设计，使得企业在经济效益、专业化程度、创新能力、经营管理等专项层面达到行业领先水平。

（1）"专"：专业化，即企业在产业、产品、市场等方面都具备专业性。现代社会分工决定了一个企业不可能将经营的每个方面都兼顾到，尤其是对于资金、技术、人才都有限的中小微企业，更无法做到面面俱到，必须专心开拓产品线的细分区域，或专做一个或几个产品，或专做一条核心产业线，或主攻某个专业技术，或主攻某一类特殊用户群体，做到在行业内专精所长，点上突破，才能形成优势能力。

因此，专业化不仅是企业发展的战略要求和基本规律，还有利于提高劳动生产率和管理水平，更有利于快速发展新产品，提高质量和降低成本。

某科技企业自成立以来便深耕石墨烯热管理应用领域，时刻关注国际动态，充分了解石墨烯前沿技术，积极同知名高校实验室、研究所进行战略合作，不断研发创新，储备先进技术。

某电力企业生产的机械产品全部围绕电力设施进行，如电缆滑车、电缆线盘拖车、电缆输送机、无扭钢丝绳、机动绞磨、机械式电缆剪、导线压接钳、电缆剥皮器、液压切刀等。

（2）"精"：精细化，即产品的精致性、工艺技术的精深性和企业的精细化管理。精细化经营源于日本20世纪50年代的一种企业管理理念，它是一种以最大限度减少管理所占用的资源和降低管理成本为主要目标的管理方式。

精细化管理、精良化产品、精深化技术、精致化服务，有利于企业打造高品质产品，塑造优质品牌形象。其中，尤以精细化管理是整个企业运行的核心工程，做好精细化管理有利于形成企业核心竞争力，为创建优质品牌奠定基础。

结合企业发展现状，某公司按照"精细化"思路，产品生产产业链从上游技术研发到原材料生产再到下游产品应用，追求每一个细节的完美，其生产基地已通过 ISO 9001、ISO 14001、ISO 45001、ISO 13485 管理体系认证，获得消毒产品生产企业卫生许可证、中国国家强制性产品认证证书（3C）等多个资质证明。

（3）"特"：特色化，即产品或服务的独特性与特色化。中小微企业在激烈的市场竞争中一定要凸显自己的特色，"人无我有，人有我优"，抓住特定用户特点，引进或自创开发特色产品、特色服务，采用独特的工艺、技术、配方或原料进行研制生产，使得企业产品或服务形成自己的独有性，拥有区别于其他同类产品的独立属性。

独具一格的产品特色和服务特色，不仅会给企业带来众多的用户、广阔的市场和可观的利润，还会对树立企业形象、建立产品信誉起到极为重要的作用。

某文化艺术品公司专业从事古玩艺术品和钻石画的生产，公司的特色就是其他钻石画品牌，如缀美钻石画、青花秀钻石画及彩钻石画等，配备了专门的研发小组，拥有成规模的生产设备厂房，并不断研发先进技术，保证了产品的不断创新和对艺术的永恒追求。

（4）"新"：新颖化，即自主创新、模式创新、服务创新。随着市场的不断繁荣和信息的广泛传播，消费者对产品和服务的可选择余地有了很大扩展。而能让企业从"万家争鸣"中脱颖而出的往往是"新"战术，通过引进或创新，不断以新设计、新产品、新款式、新理念、新形象等满足用户需求，实现"要素驱动的机会型成功"向"创新驱动必然型成功"的转变。

因此，求新求变是企业发展的源泉和不竭动力，企业必须顺应工业4.0时代的发展潮流，推进数字化生产，坚持将数字化与企业业务实际场景相结合，促进产业协同融合。

某维修安装服务平台打破国内维修技术人员与维修用户之间的供求不均衡，率先抢占维修安装O2O商机，让更多有维修需求的用户报修有门。同时，该平台还坚持走自主研发创新和科技成果转换之路，研制生产出具有自主知识产权的高新技术维修工具。在其他同类工具只坚持品质和外观的基础上，同时坚持"健康、科技、好生活"的理念，注重工具与用户使用场景的完美结合，始终将用户需求放在首位，坚持源头创新，从用户角度不断优化升级使用体验。

最后总结，国家级专精特新"小巨人"企业是"专、精、特、新"中小微企业中的佼佼者，是瞄准市场空白、行业痛点进行钻研和深耕业务的排头兵，它们始终致力于专注细分市场、更新创新能力、掌握关键核心技术、完善质量效益的理念，以"专、精、特、新"行业质量标准为准绳，在产业链或细分领域和细分市场占据制高点，不断提高发展质量和水平，增强企业核心竞争力。

商业模式需要有慢下来的本事

改革开放四十余年,我国始终处于高速发展的状态,尤其是21世纪以来,堪称经济高速发展的黄金期,大量涌现的新科技、新理念、新模式,彻底改变了人们的生活轨迹。如果仅能用一个字概括过去商业模式的特点,那么"快"无疑是唯一的选择,速度制胜成为过去所有商业模式的标配,各种"中国速度"应运而生,引得世界其他各国纷纷侧目。

然而,这种快是建立在我国独有的人口红利、土地红利和制度红利充分释放的条件下的,而且我们也处于追赶者的位置,在模仿西方国家,别人走过的正确的路,我们都肯下功夫学,别人走过的错误的路,我们总能巧妙躲过,这才造就了经济奇迹的诞生。

如果总是落后于别人,就可以一直模仿下去,就像印度那样,一直模仿着,却始终不曾超越。但我们的情况却截然不同,时至今日我们发现,我们对于西方国家的模仿,已经模无可模,仿无可仿了,因为我们的综合国力已经全面超越了欧洲,所不及者只剩下了美国,且与美国的差距也在以肉眼可见的速度接近着。在我们一项项世界性突破层出不穷时,号称创新大国的美国已经多年没有搞出什么新名堂了,大部分的产品和服务要么已经落后，要么只是概念而已。除了个别高精尖领域外，我们所采用的商业模式和美国旗鼓相当，甚至很多领域都已略胜一筹。至于曾让我们仰视的欧洲国家，现在风水轮流转，轮到他们模仿我们了，我们的资本在他们那里逐渐成为主要力量。

这个时候我们发现，继续走按图索骥的老路，已经走不通了。我们已经从模仿者变成了被模仿者，摆在我们面前可供学习的样本已经枯竭了，我们曾经大踏步追赶的时代已彻底过去，未来将是我们引领时代而别人拼命追赶的时期。

当我们走在了时代前列后，会看到之前从来不曾看的风景，也会感受到之前从未有过的时代压力，更有领跑者经常会有的一些无所适从。如同长跑时领跑者总是体力消耗最大的那样，因为前边再无参照物，一切都要靠自己总结摸索，所以不可避免地需要慢下来，不只是简单地压一下节奏，也是为了找到更正确的那条路。

更为重要的是，如今处于科技进步的大转型期，信息时代的发展高峰期到来了，科技进入了前所未有的突变阶段，越来越多令人难以理解的科技逐渐改变着人们的生活。但如果此时就说科技革命已经到来还为时尚早，因为划时代的科技还处于发展的初级阶段，例如人工智能、区块链、代币经济等，发展的逻辑仍处于探索阶段，如果人工智能的底层逻辑仅是为了替代人类，那么终有一天人工智能会遭遇发展瓶颈，到最后甚至会像一个人的"左手打右手"那样无聊。所以，建立在未来科技基础上的商业模式，绝不是继续走老路来通过财政政策和货币政策进行所谓的经济发展，毕竟任何经济学原理都有边际效应递减的规律。

眼下的当务之急是大力发展新科技、新技术，而不是继续搞"互联网+"和金融科技创新，因为这些已经不是创新了，可以说是边创新边落后。放眼全球，当今，已经没有任何经济体可供我们这样一个经济大国参考了，我们的"一带一路"倡议是有着更为深远意义的大国之举，而不是简单的基础建设。为了更好地适应剧烈变革的新时代，也为了更好地为国家的"一带一路"倡议添砖加瓦，作为新时代的大国企业家，要融合时代，大胆探索，稳步前进。

探索行为的特点决定了商业模式的开发不能过于强调速度，不仅整体经济没有参考点，各个行业也都没有参考点可供借鉴，从唯快不破重新回到步步为营或许才是新时代商业模式的特点。

我国经济发展至现在，"唯快论"基本已成过去时，大量近年来的案例已经证明了快速的成长很可能会产生更多的"后遗症"，很多藏在细节中被忽视的"魔鬼"如果不是脚踏实地地一步步去解决，那么到了某个特定的时候就会产生一次集中的破坏性爆发。例如，在信息时代始终能够引领潮流的互联网模式，除了少数真正成功的企业外，大部分都是看起来估值很漂亮，但现金流却惨不忍睹的皮囊型企业，因为过快的超速发展超过了商业逻辑的运算能力，企业膨胀的只有估值，其他方面全都隐患重重。更为致命的是，一味求"快"让企业无法暂停下来处理这些隐患，只要停下来，前期积累的"泡沫"就有可能因缺乏支撑而被捅破，让企业"带病发展"成为不得已而为之的状态。但企业终究不能一直带病生存，总有一天会小病成大病，大病成绝症。

但这种"唯快不破"只属于过去的经济时代，从现在开始的未来经济，单纯求快已经注定没有机会，科技发展得越快，人们反而越想要看清科技的本来面目，才敢参与进来。而且，因为经济已经高速发展了几十年（国内）、上百年（西方国家），人们迫切地希望能慢下来休息休息，这也是为什么当下人们的精神需求和科技发展逐渐成反比，精神需求越慢越好，科技发展越快越好。"慢"与"快"本是一对矛盾体，但一向高速发展的科技逐渐向人们慢速的精神需求靠拢，说明慢下来已经成为时代的主流声音，不仅我们想要慢下来，西方发达国家的人们和那些经济发展处于挣扎中的国家的人们同样也想要慢下来。

但是必须明白一点，慢下来不等于闲下来，而是要在什么都快的时代让自己的大脑放缓节奏，让自己能有机会恢复精气神儿去做出更正确的判断。"快时代"就这样遇上了"慢生活"，快慢交锋之后，这个由人类意志为主导的星球，再一次让人类意志占据了上风。

消费在不断升级，消费者体验也在同步升级，同时也倒逼企业深度思考能为消费者提供什么。未来，慢下来，才是每一位创业者的必修课，让万事万物都能有一个逐渐沉淀的过程。

思考如何满足消费者需求，随着时代的发展也有不同的实现路径。曾经是找到一个可以满足消费者需求的商业模式后就会致力于深耕，力求将价值最大化，后来演变为"快餐式"了，找到一个模式，快速进入、快速做大、快速获利、快速离场，再寻找下一个，以追求更大的利润。在一切皆快的时代这样做看起来是对的，但在速度逐渐消退的当今，盲目追求快而频繁地变更商业模式已经不利于企业的经营了。

首先，频繁变更商业模式会导致资源的大量浪费，因为企业会为了适应某一种商业模式而投入大量的时间、人力和财力；其次，频繁变更商业模式会造成组织内部的混乱，因为员工需要不断地适应新的商业模式，可能会因此陷入困惑和低效中；最后，频繁变更商业模式会影响企业声誉和用户关系，消费者对于稳定、可靠的品牌更感兴趣，对于频繁变更的品牌会产生不安全感。因此，商业模式的变革需要适度，在必要时需要放缓。

综上所述，当下正是一个由快转慢的时代，商业模式应该更加注重持续的创新和长远的发展，企业不仅要关注短期利益，更应该思考如何构建有长久生命力的商业模式，以应对未来的市场挑战和变化。

卓越是商业模式设计的底线

一个新时代来临了，对普通人意味着什么？

最近，前沿科技圈讨论得最多的，应该就是 ChatGPT 了，能进行陪聊、搜索、翻译这样的常规操作，还能进行非常规操作——创造。在国外，已经有人用ChatGPT写论文、写文案、写代码了，甚至给孩子改作业、代替siri成为全屋智能管家……

后面加上省略号，是因为ChatGPT的功能还在无限拓展中，具体将来究竟都能干些啥，应该是无上限吧！

当未来的人回望现在，一定会将ChatGPT的出现定义为"智能革命"的标志性事件。就像几百年前的工业革命一样，人类社会将发生深刻而剧烈的改变。

工业革命带来的是物质贬值，同时纯体力劳动贬值，直至完全消失。科技越发达，经济越富裕的地方，从事纯体力工作的人就越少。

工业革命后，知识越来越值钱了，具体地说就是专业信息和相关信息的处理技能被价值放大了。因为机器只能加工产品，不能自主识别、判断和处理信息，人类必须掌握相关知识才能命令机器进行相关操作。例如电脑在会的人手里，就是神一般的存在，但在不会的人那里，和废品没有区别。

随着信息革命的到来，知识开始贬值了。近年来火爆的"知识付费"更像是知识拥有者们的最后抛售，无数心血所得被以白菜价甩卖，因为其中最有知识的人已经意识到，自己的知识保值性越来越低，若不赶快变现，很快就会过时。

随着ChatGPT的出现，以信息形式流通的知识正在经历断崖式的加速贬值。不是说知识一点用没有了，而是其能在个人命运和商业运作中发挥的杠杆作用越来越小了，不再能成为够分量的筹码和资源了。对于绝大多数只是掌握了一般知识技能的人而言，他们只是知识的"接盘侠"，很难再用其变现，更谈不上升值了。

同时伴随性贬值的，还有基于知识、数据、经验形成的运用能力，如收集、分类、归纳、分析、推理、重组、再创作等。可能只需要几年时间，很多仅需要使用和处理知识（信息）就能解决的问题将不复存在。"正确"变得不再重要，因为错误被"消灭"了。

如果再给这个智能套上合适的外壳，使得它能够根据程序单独或与其他机械配合完成流程化的工作，那么它就会逐渐开启智能贬值的时代。那时，所有流水线化的只具有功能性的事物，都将变得一文不值。

我们讨论了这么多，不是在为未来寻找"普世"价值点，而是要提醒每一位创业者和领导者，当过往的经验和能力都不再起作用时，当人工智能的迭代一日千里之时，整个人类社会和自然世界必将发生巨大变化，企业应该如何应对？或者换一个问法：应该如何在新商业模式下求生存求发展呢？

如果让我回答未来的世界会是怎样的，我没有这样的宏观能力，因为预见性问题通常在当下都难有答案。但是，若是将这个宏大的命题缩小一些，仅从企业的角度回答，则清晰了许多。身处变革之中，历史的脉络已经草蛇灰线般点点显现。无论科技如何进步，商业模式如何变革，企业都必须追求组织的卓越性，做到这一点，就能做到"任凭风浪起，稳坐钓鱼台"。

亚马逊作为全球最大的电子商务和云计算公司之一，一直在不断追求卓越，以适应快速变化的市场。亚马逊的创始人杰夫·贝索斯强调，他们致力于不断创新，而不仅仅是坚持一些旧有的成功模式。尽管亚马逊从一开始就以在线图书销售起家，但他们不断扩展业务，推出了 Amazon Prime 会员服务、Amazon Web Services 等，不断拓展自己的业务领域，实现多元化发展。

同样地，谷歌（现在的 Alphabet）也是一个追求卓越的典范。谷歌不仅仅做搜索引擎，而是始终将创新作为核心价值，推动着多个领域的技术和业务发展。从搜索引擎到无人驾驶汽车，再到人工智能，谷歌在不同领域持续进行技术研究和创新，保持了领先地位。

特斯拉不仅仅是一个汽车制造商，他们的目标是推动可持续能源和交通革命。特斯拉的使命超越了单纯的技术和产品，他们在全球范围内推广电动汽车和太阳能技术，以解决环境和能源问题。特斯拉的影响远远超出了汽车制造业，涉及了整个能源体系。

顶级企业之所以能在知识技能迅速贬值的环境中保持竞争力，是因为他们更加注重培养创新能力、适应能力和学习能力。他们建立了鼓励员工不断学习和探索的文化，以应对不断变化的市场需求。这种文化将员工视为组织的最宝贵财产，而不仅仅是一份技能清单。他们鼓励员工跨足不同领域，培养出具备更广泛知识和能力的多面手，有能力适应新的挑战。

综上所述，知识技能的贬值无疑是一个前所未有的挑战，但企业可以通过追求卓越来应对这一挑战。在这个快速变化的时代，企业需要建立一种文化，鼓励员工不断学习、创新和适应。企业的使命和愿景应该超越单一的产品和技术，具备更广泛的社会和环境影响。

第二部分
商业模式大场景设计

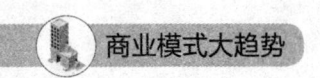

第五章 人与机器创造的新繁荣

围绕用户时间的实时响应机制

在互联网上对于用户响应时间,有一个普遍的标准:即 2/5/10 秒原则。

也就是说,在 2 秒之内响应用户,被认为是"非常有吸引力"的用户体验;在 5 秒之内响应用户,被认为是"比较不错"的用户体验;在 10 秒之内响应用户,被认为是"糟糕"的用户体验。如果超过 10 秒用户还没有得到响应,那么大多用户会认为这次请求是失败的。

当然,这个 2/5/10 秒原则不是互联网存在之始就使用的,而是随着互联网技术的不断成熟而不断发展来的。

就像早期安装 Windows 系统需要半个多小时到一个小时,但没人觉得不正常,因为那时候装系统需要很多烦琐的步骤,每一步都需要人为操作,如果人的动作再慢一些,超过一个小时也是常见的。虽然很正常,毕竟装一次耗费的时间摆在那里,谁也不希望总是经历这样的事,好在系统不需要总装,如果没什么问题,可能长达几年都不需要装一次,时间跨度短的也有半年以上,所以人们是能够忍受装系统的时长的。

如今装系统已经是一件几分钟内就能完成的事情了,且全程不需要人为操作,我们反而没有多长时间耐心等待了,总是盼着越快越好。这就是计算机与互联网技术不断升级带给人们的"副作用"——快速成为硬性指标。建立在网络上的一切行为都必须快,尤其是与用户进行沟通的行为更要快,如此才能满足用户旺盛的表达欲和急于解决问题的迫切心理。

响应机制的核心是响应时间,是用户发出请求到得到响应的整个过程的时间。在进行性能测试时,"合理的响应时间"取决于用户的需求,而不能依据测试人员自己的设想来决定。例如,我在访问百度首页时发出了一个搜索请求,百度给我返回页面数据时,必须将页面上的所有信息都返回给我,才算一次完整的响应。

关于响应时间,要特别说明的一点是,对用户来说,该值是否能够被接受是带有一定的用户主观色彩的,也就是说,响应时间的"长"和"短"没有绝对的区别,但一定是越短越好。

站在用户的角度,响应时间是有主观成分的,因此并不能完全客观地采用量化方式计算响应时间。例如用户打开页面阅读内容后,很可能会将"页面显示可阅读的内容"的时间作为自己感受到的响应时间。

随着科技的不断发展,用户对于产品和服务的期望也在不断增加,特别是在时间方面的需求变得越发紧迫。因此，为了满足用户对实时响应的需求，围绕用户时间的实时响应机制变得至关重要。为了做好实时响应机制，我们推荐四个"需要"。

需要一——建立高效的数据收集和处理系统。通过收集用户在使用产品或服务过程中产生的数据，系统可以实时分析和识别用户的需求以及行为模式。这样的数据分析可以帮助企业更好地理解用户，为用户提供个性化的、符合实时需求的服务。

需要二——拥有强大的实时计算能力。在用户使用产品或服务的过程中，往往会产生大量的数据，需要在极短的时间内进行分析和处理。强大的实时计算能力可以保证系统能够在几乎即刻之间做出响应，确保用户的体验不受影响。

需要三——建立智能化的决策系统。通过结合人工智能和机器学习技术，系统可以根据用户的历史数据和实时行为，预测用户可能的需求，并做出相应的调整。例如，电子商务平台可以根据用户过去的购买记录和浏览行为，为用户推荐其可能感兴趣的产品，从而提高购买转化率。

需要四——建立高效的沟通和协调机制。不同部门之间需要及时共享用户的信息和反馈，以便快速做出响应和调整。有效的沟通机制可以保证整个团队在用户需求发生变化时迅速做出反应，确保用户得到满意的体验。

综上所述，围绕用户时间的实时响应机制是建立在高效数据处理、强大实时计算能力、智能化决策和高效沟通之上的。通过这样的机制，企业可以更好地满足用户的实时需求，提高用户满意度，从而在竞争激烈的市场中脱颖而出。

商业模式需要加装数据驱动引擎

随着数字化时代的到来，商业模式正经历着深刻的变革，数字化已然成为未来一切商业模式的基础架构。数字化为商业带来了前所未有的机遇和挑战，因此将商业模式数字化作为基础，已经成为企业持续创新和发展的不二选择。可以从以下三个方面深度解释这一问题：

首先，商业模式数字化让企业能够更加精准地理解市场和客户。通过数字化技术，企业可以收集大量的消费者数据，从而深入了解他们的需求、偏好和行为。这种数据驱动的洞察有助于企业更好地定位自己的产品和服务，制定更精准的营销策略，提高客户满意度，进而实现业务增长。

其次，商业模式数字化能够提升企业的运营效率和创新能力。通过数字化，企业可以实现生产、供应链、库存管理等各个环节的优化，降低成本，提高效率。同时，数字化也为企业创新创造了更多可能性，例如基于大数据的分析和预测，智能化的流程和决策等，使企业能够更加灵活地应对市场和需求的变化。

最后，商业模式数字化也加强了企业与用户之间的互动和参与。通过社交媒体、移动应用等渠道，企业能够与客户进行更密切的沟通，了解他们的反馈和建议。这不仅可以增强客户忠诚度，还可以帮助企业更好地迎合市场需求，打造更具吸引力的产品和服务。

由此可见，商业模式数字化已经成为未来商业发展的重要趋势，它可以为各种类型的商业提供基础架构，以支持更加灵活、高效和创新的商业模式。以下是一些商业模式数字化的关键特征和优势：

（1）数据驱动。数字化商业模式基于数据，通过对数据的收集、分析和利用，可以更好地了解市场需求、优化业务决策和提升客户体验。

（2）高度互联：数字化商业模式通过互联网、物联网等技术，实现了与各种业务伙伴和客户的紧密连接，促进了信息共享和协同合作。

（3）智能化：数字化商业模式通过人工智能、机器学习等技术，实现了自动化、智能化的业务处理和决策，提高了业务效率和创新能力。

（4）个性化：数字化商业模式可以通过对客户数据的分析，提供更加个性化、精准化的产品和服务，来满足客户的多样化需求。

（5）全球化：数字化商业模式可以突破地域限制，实现全球范围内的业务拓展和运营，提高企业的全球竞争力和品牌影响力。

通过以上特征和优势，商业模式数字化不仅可以帮助企业更好地了解市场和客户，提升运营效率和创新能力；还可以为未来的商业发展提供强大的支持，推动商业模式的不断创新和升级。

然而，商业模式数字化也带来了一些挑战，如数据隐私和安全问题、技术投资等。企业需要在数字化过程中注重保护客户隐私，加强数据安全措施，同时也需要投入相应的资源来实现数字化转型。

但是，无论如何，为商业模式加装数据驱动引擎，都可以帮助企业更有效地利用数据做决策和优化业务。总之，要为商业模式加装数据驱动引擎，并将数据应用于业务的各个环节，具体分为以下几个步骤：

第1步——明确业务目标和所需数据类型。需要清晰地了解企业内部各级业务的目标是什么，以及数据在实现这些目标中扮演的角色。

第2步——选择适合的数据收集工具和技术。针对每个业务目标，确定需要收集哪些数据，并建立相应的收集机制，例如可以通过用户行为追踪、用户反馈和市场调研来收集数据。

第3步——建立数据存储和处理基础设施。收集到数据后，需要对其进行深入分析，以找出与业务目标相关的趋势、模式和洞察。可以使用机器学习、数据挖掘和统计分析等工具来辅助分析。

第4步——提取洞察并制定战略决策。将分析结果转化为具体的业务决策，例如改变产品策略、调整市场推广策略或优化客户服务流程。

第5步——持续改进与数据安全。需要不断调整和优化业务决策，以实现更好的业务结果。且在处理用户数据时，需要确保数据的安全性和隐私保护，遵守相关的法律法规。

通过以上步骤，可以为商业模式加装数据驱动引擎，从而提高业务的

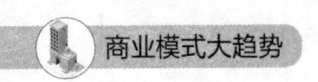

效率和竞争力。需要注意的是，这不仅需要专业的数据团队和相应的技术支持，还需要不断优化和更新这一引擎，以适应不断变化的商业需求和数据环境。

设计你的人机创新模式

人工智能，作为当今科技领域的大热话题，正在不断地改变着我们的生活。创新作为驱动社会进步的引擎，推动着不同行业的持续发展。每个时代有每个时代的创新，且每个时代的创新必然结合该时代最先进的科学技术，这是创新的必然路径。

现在看看结合人工智能的创新在不同领域的应用。在医疗领域，人工智能不仅能帮助医生分析患者病情和提供治疗方案，还能让医院更高效地整合、调配与管理资源；在金融领域，人工智能既能像专家一样替用户进行金融项目选择与操作，也能为银行等金融机构（公司）识别恶意攻击和风险评估；在教育领域，人工智能既可以帮助学生加快知识学习，也能帮助教师更精准地评估学生的学习成果……在日常生活的方方面面，人工智能也已经开始发挥重要作用了。各类人工智能产品深入日常生活中，让生活更加高效和智慧。

人工智能技术的不断更新，让过去被认为是不可能的科技发展前景变成了可能，各行各业都得到了其带来的益处。人工智能可以提供新的方法，解决一些传统方法难以解决的问题，或者帮助人们更好地理解复杂的问题。但是，借助人工智能的任何创新，需要关注的都不仅是创新本身，还要关注创新所带来的社会价值和影响。人工智能在科技创新中的可能应用有如下几个方面。

（1）数据分析和预测。人工智能可以帮助科学家分析大量的数据，预测未来的趋势和结果。例如，在生物科学领域，人工智能可以通过分析大量的基因序列数据，预测哪些基因可能与疾病有关，或者在气候科学领域预测未来的气候变化。

（2）自动化实验和设计。人工智能可以通过自动化实验和设计，帮助科学家更快地找到新的材料、药物或者解决方案。例如，在材料科学中，人工智能可以通过模拟实验预测不同材料在不同条件下的性能，从而加速材料研发的过程。

（3）智能机器人。智能机器人可以执行一些重复、危险或者烦琐的任务。例如，在实验室中进行实验，或者在工厂中生产产品。这些机器人可以提高工作效率，减少错误，同时也可以帮助科学家更好地专注于其他重要的问题。

（4）机器学习。机器学习是一种人工智能技术，可以让计算机从数据中学习，并根据学习到的知识做出决策。例如，识别图像、翻译语言，或者自动控制实验。

很显然，人工智能在科技创新中具有广泛的应用前景，可以为人类带来更快、更准确、更高效的研究和开发。但需要注意的是，人工智能技术的应用必须以安全、创新为前提，必须确保在人工智能技术的应用过程中不会对人类的安全或隐私造成威胁。基于这样的原因和目的，应该如何做到与人工智能协同工作，并实现科技创新呢？

（1）建立跨学科团队。科技创新涉及多个领域的知识和技能，包括工程、数学、计算机科学等。建立由不同领域专家组成的跨学科团队，可以充分发挥各自的优势，推动创新的发展。

（2）加强人工智能技术的学习和培训。企业需要培养员工对人工智能技术的理解和应用能力，以便更好地与人工智能合作，创造出新的解决方案。

（3）积极探索合作机会。与人工智能技术公司、科研机构等建立合作关系，可以共同研发创新产品和解决方案，实现资源共享和优势互补。

（4）注重伦理和社会责任。在与人工智能合作的过程中，企业需要考虑到数据隐私、人工智能的潜在影响等伦理和社会责任问题，确保科技创新的可持续发展。

总之，与人工智能一起搞科技创新是一个充满机遇和挑战的过程。通过充分发挥人工智能在数据处理、决策预测和产品创新方面的优势，建立跨学科团队，加强技术学习和培训，积极寻找合作机会，关注伦理和社会责任，助力企业实现与人工智能协同工作，创建属于自己的人机创新模式，推动科技创新和企业发展的不断前进。

设计你的人机创意模式

人工智能正逐渐成为科技创新的引擎之一，它的快速发展为各行各业带来了巨大的机遇和挑战。结合人工智能与文化产业，不仅可以推动创意表达和文化传承的创新，还能开创全新的商业模式和市场机会。

通过深度学习和自然语言处理等技术，人工智能可以分析海量的文化资料，挖掘出隐藏在其中的规律和趋势。这种分析可以为文化创意提供新的灵感，帮助创作者创造出更具创新性和前瞻性的作品。例如，一些艺术家利用人工智能生成的图像和音乐作为创作基础，创造出独特又引人入胜的艺术品。

许多传统文化和民间艺术正面临失传的风险，而人工智能可以帮助记录和保留这些文化遗产。通过数字化技术和虚拟现实等手段，可以将传统艺术形式呈现在全新的媒介中，让更多人了解和欣赏。例如，数字化的传统音乐、舞蹈和手工艺品可以在虚拟现实平台上得以重现，为传统文化注入新的活力。

人工智能为文化创新经济带来了新的商业模式和市场机会。首先，人工智能技术可以用于文化产品的个性化定制，根据用户的兴趣和偏好生成定制化的艺术作品、文学作品和音乐等，为消费者提供独一无二的文化体验。其次，人工智能可以帮助文化产业实现更精准的市场定位和营销策略，拓展受众群体，创造更大的商业价值。

人工智能的应用为文化领域带来了更大的创新潜力和发展机会。下面从具体运用入手，探讨如何与人工智能一起搞文化创新经济，掀起文化领域的新浪潮。

（1）人工智能为文化创新提供了强大的工具和平台。通过自然语言处理、图像识别等技术，人工智能能够深入挖掘文本、音频、图像等资源，从中发现创意灵感，为艺术家和创作者提供更广阔的创作空间。

（2）人工智能的智能分析和预测能力有助于更精准地洞察市场需求和文化趋势，具体来说，就是有助于企业更好地定位产品，满足受众需求，进而推动文化创新经济的发展。

（3）人工智能能够打破传统创作方式的限制，实现与人类创作者的互动合作。例如，AI可以协助音乐创作、电影剧本编写等，从而为文化产业注入新的活力和创意。

不过，与人工智能一起搞文化创新经济需要注意一些问题：首先，人工智能的创作权和道德权益问题。由人工智能生成的作品是否具有创作权，以及创作过程中是否涉及道德权益等问题，需要在法律和伦理层面进行深入探讨和解决。其次，文化创新的真实性和情感表达问题。虽然人工智能可以生成具有一定创意的作品，但是否能够真正传达情感和文化内涵,仍然需要人类创作者的参与和干预。

总而言之,人工智能在文化创新和经济领域中具有广泛的应用前景,其与文化创新经济的融合将为我们带来新的发展机遇和创新的可能,可以为人类带来更高效率、更高质量、更智能化的服务和产品。同时也需要平衡技术与价值观的关系,共同推动文化创意产业的繁荣发展。

你未来的老板是机器人

如今,似乎每个人都在谈论机器人抢工作的话题。显然,大家关心的不是机器人,而是自己和自己的饭碗。

但机器人只会取代一线员工的位置吗?那就太小看机器人的能力了,他们的"野心"大着呢,不仅要包揽基层工作,还要涉足领导岗位。据民生研究项目调查咨询公司盖洛普的调研数据,预计在未来五年之内,人工智能会取代约三分之二经理人的位置。看来,在不久的将来,你的老板将是机器人。

这让你感到惊讶是吗?事实上,这只是一个保守的预测,还有更令人惊讶的——你会更喜欢机器人老板。有人甚至已经在幻想拥有机器人老板了,因为他们确实具有更大的优势。

(1)机器人老板不会咆哮或者暗中盯着你。即使在工作最紧张的时

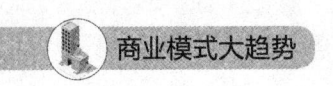

候，他们也只会客观地、专业地、全天候地工作着。

（2）你和机器人老板更容易"惺惺相惜"。你可以选择机器人老板的外貌和性格，你喜欢什么样的老板，就会拥有什么样的老板。

（3）你和机器人老板会互相关心。机器人老板会知道你的家庭、朋友和爱好，通过对你的语言和面部微表情进行持续的情绪分析，知道你是高兴、生气还是有压力。

（4）机器人老板会成为你的终身"教练"。机器人老板会实时观察你的工作情况，并不带任何评判意味地提出建议，不仅教你工作方法，还教你如何成为更好的人。

总而言之，作为一个由比特和字节组成的虚拟代理人，机器人老板不会有最糟糕的经理的任何最糟糕的品质。在他们到来之前，我们甚至都不知道发生过什么，机器人老板会悄悄接近我们，并让我们很快爱上他们。

但爱上机器人老板的又何止是员工，用户也可能会更快爱上他们，因为他们更懂用户，能够真正做到全局性、大数据和超理性，是用户群在企业内的代理人。

鉴于机器人老板和机器人员工的通力协作，我们中的大部分人会必然地改变工作和生活的模式，据相关机构的保守估计，将来一半的人会变成"提示词工程师"。哇！很不错呢！居然这么多人在人工智能时代当上了"工程师"。那么这个工程师是做什么的呢？

"提示词工程师"，社会科技进步下产生的新职业，能够帮助人类更好地与 AI 互动，因此应在"提示词工程师"前加注"AI"字样，这样就更加高大上了。简单而言，"AI 提示词工程师就是通过一定的提示词将 AI 模型用在具体业务中的岗位，让工作基于选择。

这个职业最早出现在美国求职网站 Indeed 上，AI 初创公司 Anthropic 的一个岗位明确提到招聘"AI 提示词工程师"，薪酬是每年 17.5 万 ~ 33.5 万美元。据悉，岗位主要职责是帮助公司构建提示库，让 LLM（大型语言模型）完成不同的任务。

目前，国内还没有严格意义上的"AI 提示词工程师"这个岗位，但是有一些岗位的描述基本符合"AI 提示词工程师"的具体工作内容，例如 AI 训练师、ChatGPT 研究员、AI 产品运营、AI 产品经理、AI 绘画师等。

毕竟是新颖的事物，只要出现就势必会引发争论。如今对于"AI 提示词工程师"的未来明显分为两派，唱衰派认为"这只是一项职业技能，不太可能会成为一个单独的职业"，唱响派认为"这会是一个需求量非常大的新职业"。

但无论唱衰，还是唱响，行业对于"AI 提示词工程师"的能力素质要求已经有了明确的界定。不过由于人工智能科技发展太快，伴随的各种技能也都在一日千里地进步着，导致关于"AI 提示词工程师"的能力素质要求也在不断发生变化，所以关于此本处不再赘述，感兴趣的朋友可以自行上网查找。

我本人是看好进入"AI 提示词工程师"这类建立在人工智能技术基

础之上的新型职业的，因为时代的车轮在不留情地前行着，昨天的不可思议就是今天的常态，那么今天的不可思议也将成为明天的常态。如今ChatGPT已经发展起来了，提示词是对预训练模型做微调的一种新兴方法，可以以很小的代价让AI完成新的、在训练过程中没学过的任务。一切能够让人工智能得到发展的技术都会产生与之对应的职业，不是吗？而"AI提示词工程师"这个岗位要做的，就是找出合适的提示词，让AI发挥最大潜力。

如今，我们已经能够很明确地预见在不远的将来，机器人老板就会堂而皇之地成为时代的新宠，每一家公司都要适应这种必然的变化，最好的做法就是尽快融入。可以预见，未来每一家公司都会有自己训练的人工智能大模型，这些大模型反过来又将影响企业的商业模式设计。

其实，未来的老板是机器人的这种趋势已经在一些领域内初步显现了。

首先是零售业。在线零售巨头亚马逊已经在其仓库中广泛使用机器人来加速处理订单了。这些机器人可以自动收集商品并将其送往指定地点，极大减少了人力成本和时间成本。随着技术的发展，这些机器人可以通过自主学习不断提升处理问题的能力，使得机器人老板（或上司）在管理和优化业务方面具备巨大潜力。

其次是金融领域。许多投资公司已经开始使用基于算法的交易系统，这些系统能够在瞬间分析市场数据并作出投资决策。例如，一些量化基金依赖于复杂的算法进行交易，因为算法不会受情绪波动的影响，因此在某些交易情况下会表现得更为稳定和准确。这显示出未来机器人老板（或上司）在高频交易和资产管理方面的潜在优势。

最后是在日常管理和决策方面。某些公司已经开始使用自然语言处理技术分析员工的情感和意见，以便更好地了解团队的状态并采取相应措施。一些人工智能系统还可以分析大量数据，从中提取有价值的见解，帮助管理层做出战略性决策。

综上所述，随着技术的不断发展，机器人和人工智能系统在商业环境中的应用将会越来越广泛。虽然在某些领域，人类的创造力、情感和道德判断仍然是不可替代的，但机器人老板（或上司）在提高效率、降低成本和优化业务方面的潜力是不可忽视的。未来的老板架构可能会融合人类智慧和机器算法，共同推动商业领域的创新和发展。

第六章　城市成为商业模式设计元素

企业必须学会在城市产业生态链中生存

人们对世界、人类整体、生存环境、社会、社区、公众事务的责任产生了兴趣，开始有了社会责任感的觉醒。这种觉醒始终围绕在人们生活的中心，即城市之中，从社区延伸到城市，从公共事业辐射到生存环境。当责任感产生了，人们对生活的区域有了更深刻的认知和理解，就导致逐渐产生了一种新的商业生态——城市产业生态链。

所谓城市产业生态链，是由原材料采集、生产、销售、服务及回收等环节组成的一个完整的产业链条，它涵盖了多个产业领域，包括科技、制造、销售、服务等。这些产业环节相互依存、相互制约，形成了一个动态平衡的产业生态系统。在城市产业生态链中，不同的产业环节根据区域经济比较优势进行全球化布局，遵循经济规律进行跨区域、跨国界的分工合作，使得产业生态空间呈现出动态的全球化态势。

如今，城市产业生态链已经成为面向未来的商业模式的重要组成部分，对企业的影响既深远又多元，不仅在经济层面上带来了变革，还影响了企业的战略定位、竞争优势以及可持续发展。城市产业生态链的构建和演化直接塑造了企业的业务环境，下面从四个方面详细探讨其影响。

首先，城市产业生态链可以促进企业间的协同创新与合作。在一个完善的生态链中，不同产业领域的企业可以进行资源共享、技术交流及合作创新。这种协同可以助力企业开发出更具创新性的产品和服务，进而增强市场竞争力。例如，一个科技园区中的高科技企业、研究机构和初创企业可以形成紧密的合作网络，共同推动科技创新。

其次，城市产业生态链对企业的战略定位有重要的影响。企业需要根据生态链中不同环节的发展情况来调整自身定位。例如，某企业位于一座以旅游为主导的城市，那么它可以将自身定位为提供旅游配套服务或创意产品的企业，以充分利用城市的产业特色。

再次，城市产业生态链还影响企业的竞争优势。生态链的强大和多样性可以为企业提供丰富的资源和合作机会，有助于其构建独特的竞争优势。举例来说，位于一个以农业为主导的城市的食品加工企业可以充分利用当地的农产品资源开发特色产品，建立起与农业生态链的深度连接，从而获得市场上的差异化竞争优势。

最后，城市产业生态链推动了企业的可持续发展。随着人们对环境保护和社会责任关注度的不断增加，企业需要在生态链中扮演更积极的角色，采取可持续的商业模式。例如，与城市中的环保组织合作，推动资源循环利用，减少废物排放，不仅有助于企业的可持续发展，还有助于树立企业的良好形象。

城市产业生态链对企业具有深远的影响，它塑造了企业的合作模式、战略定位、竞争优势和可持续发展路径。通过充分理解和适应城市产业生态链，企业可以更好地抓住机遇，应对挑战，实现持续的成功和增长。

综上所述，城市产业生态链是一个由多个相关产业和企业组成的复杂网络，它不仅影响着企业的运作方式和战略决策，还直接决定了企业的市场地位和可持续发展。因此，企业必须学会在城市产业生态链中生存和发展。在这个生态链中，企业需要学会与其他产业协同发展，形成优势互补的产业生态系统，以实现资源共享、信息共享、利益共享的目标。

融入城市产业生态链有助于企业获取丰富的资源。在一个健全的生态链中，不同企业相互连接，可以共享各自的资源，如人才、技术、资金、信息等。这些资源的互补性使得企业能够更加高效地满足市场需求，降低生产成本，提高创新能力。例如，一家科技公司可以通过与当地大学合作，获取最新的研究成果，从而快速推出具有竞争力的产品。

融入城市产业生态链有助于企业扩展市场份额和拓展业务领域。通过与生态链中其他企业进行合作，可以更好地了解市场动态和客户需求，从而精准地制定市场策略。此外，生态链的多样性还为企业提供了进入新领域的机会。例如，一家原本专注于电子产品生产的企业，可以通过与生态链中的物流公司合作，进军电子商务领域，实现业务多元化。

融入城市产业生态链还能够增强企业的创新能力和竞争力。在一个紧密联系的生态链中，企业更容易获取到市场上的最新信息和趋势，从而及时调整产品和服务。同时，与其他企业合作，也能够带来新的创新思路和技术，推动企业不断提升产品质量和创新水平。这有助于企业在竞争激烈的市场中保持竞争优势。

然而，城市产业生态链也带来了挑战。因此，企业需要适应生态链的变化和不确定性，以及可能涉及的竞争和合作关系。此外，企业还需要在不同环节中建立良好的合作伙伴关系，以确保生态链的有效运作。总的来说，企业在城市产业生态链中生存和发展需实施的几个关键策略如下。

（1）深入了解城市产业生态链。企业需要了解自己在城市产业生态链中的位置和角色，以及与上下游产业的关系和对上下游产业的影响。同时，还需要了解城市产业的发展趋势和政策环境，以制定相应的企业发展策略。

（2）加强与上下游产业的合作。企业需要与上下游产业建立紧密的合作关系，形成产业联盟或集群，共同研发、生产和销售产品，实现资源共享、优势互补，提高整个产业的竞争力和创新能力。

（3）优化资源配置。企业需要在城市产业生态链中寻找最优的资源配置，包括人才、资金、技术、市场等，以提高企业的核心竞争力和创新能力。

(4)关注城市发展的政策环境。企业需要关注城市发展的政策环境，了解政府对相关产业的支持和限制，及时调整企业的发展策略和产品策略。

(5)注重环境保护。在城市产业生态链中，企业需要注重环境保护，采取环保措施减少对环境的影响，提高企业的社会责任感，提升企业形象。

通过实施以上策略，企业可以在城市产业生态链中更好地生存和发展，实现长期的经济、社会和环境效益。

工业互联网和五十公里全供应链

50公里，大约是从北京东五环到西五环一个来回的直线距离。在这个物理空间内，北京每天有数百万的人使用各种交通工具通勤工作和生活。当然，规模庞大的人群总会在某一时间同时聚集在某一类场所里，如住宅楼、写字楼、地铁、商场等，并会同时涌现出某一类或某几类需求，如用餐需求、交通需求、购物需求、娱乐需求等，此时就需要一个庞大且完善的供应链来满足巨量的消费需求，于是极具覆盖度的五十公里全供应链概念便应运而生。

所谓五十公里全供应链，就是五十公里范围内的全供应链，即指在一个地理范围内，覆盖所有供应链环节的流程和活动。这可能包括从原材料采购到生产制造、分销和物流等各个环节。这种供应链配置通常被称为"近源供应链"。它各环节之间距离较短，协调更容易，因而可以带来更高的效率、更低的运营成本和更快的响应时间。

如今，我国经济发达地区的一些行业已经实现了五十公里全供应链，甚至可以做到当天有需求，当天样品到位的实际情况。那么，打通五十公里全供应链需要哪些环节呢？

（1）规划供应链。建立50公里范围内的供应链网络，包括供应商、生产商、物流服务商等。明确各环节的时间和距离，制订详细的供应链计划。

（2）优化物流服务。选择快速、可靠的物流服务，确保样品能够在短时间内送达。与物流服务商建立紧密的合作关系，提供优先配送服务。

（3）建立快速响应系统。建立50公里范围内快速响应系统，确保在接到样品需求后能够迅速通知供应链各环节，加快样品准备和配送速度。

（4）精准预测需求。通过市场调研和分析，精准预测样品需求，提前准备好足够的样品数量，这样可以避免因需求不足导致的延迟。

（5）优化样品包装。采用合适的包装方式，确保样品在运输过程中完好无损。同时，根据样品特性，选择适当的保温、冷藏等措施，确保样品品质。

（6）实时监控运输过程。通过实时监控运输过程，及时发现并解决问题，确保样品按时送达。利用 GPS 定位、温度监测等先进技术，实现物流过程的可视化。

（7）健全应急机制。制定应急预案应对突发情况，如交通拥堵、恶劣天气等。确保在遇到问题时能够迅速调整供应链计划，保证样品及时送达。

通过以上措施，企业可以实现五十公里全供应链当天送达样品的目标，提高供应链效率和客户满意度。这种效率只有在工业化与互联网并行的时代才能实现，因此就引出了另一个概念——工业互联网，将工业融入互联网或者将互联网结合工业未来的基础商业模式。

工业互联网和五十公里全供应链是当今引发关注的两大重要概念。它们代表了在以城市为商业模式设计元素的现代商业模式基础上，数字化和供应链优化方面的最新发展趋势，对企业的竞争力和可持续发展产生了深远的影响。

工业互联网，简称 IIoT（Industrial Internet of Things），是将物联网技术应用于工业领域的一种发展趋势。它通过连接、传感、数据分析等技术手段，实现设备、生产线、工厂之间的信息共享和协同，从而实现生产过程的数字化、智能化和高效化。工业互联网的核心是将传感器、设备和系统连接起来，实时收集和分析数据，以便进行实时监控、预测性维护和生产优化。通过工业互联网，企业能够更好地了解生产过程，优化资源利用，提高生产效率，降低成本，提升产品质量。

另外，五十公里全供应链是一种供应链管理的新理念。传统上，供应链主要关注全球范围内的跨国运输和协调，但五十公里全供应链将焦点放在了相对更近的地理范围内，即五十公里以内的区域。这种策略强调就近供应、生产和销售，以降低物流成本，缩短交付时间，提高灵活性。五十公里全供应链的核心思想是将供应链的各个环节尽可能靠在一起，从而更好地应对市场需求的变化和快速交付的要求。

工业互联网与五十公里全供应链相辅相成，共同为未来商业模式带来了革命性的变革。

工业互联网为五十公里全供应链的实施提供了数字化基础。通过工业互联网，企业可以实现对生产线、设备和库存的实时监控，从而更好地调节产能，调整生产计划和库存管理。这有助于降低过剩库存和运营成本，提高供应链的敏捷性。

五十公里全供应链为工业互联网的数据应用提供了更多的实际场景。在相对有限的地理范围内，数据的采集和应用更加集中和精细化。工业互联网的实时数据可以更准确地反映当地的供需情况，从而更好地指导生产和销售决策。例如，在某地建立五十公里全供应链后，通过工业互联网可以实时了解该地区的市场需求，以便企业调整生产计划，减少滞销情况。

综上所述，工业互联网和五十公里全供应链是企业发展的两大关键概念，它们共同帮助企业更好地应对市场变化，提高生产效率和供应链的灵活性。工业互联网为五十公里全供应链的实施提供了数字化基础，而五十公里全供应链则为工业互联网的数据应用提供了更多的实际场景。两者的结合将进一步推动制造业向智能化、高效化和可持续方向发展。

择城而居，地理即命运还在继续

2023年7月28日，在义乌市昆隆电商产业园某公司的仓库里，数十名工人熟练地打包着电商平台订单，扫描枪有节奏地响着，一个个精致的包裹在传送台上飞速分拨。推着多层货篮的员工穿梭在几千种商品中，却能根据订单提示准确无误地找到每个用户下单的产品。该公司的仓库每天都是这样忙碌的场景，而且该园区每家公司都是如此，范围扩大到整个义乌的32个电商园区、222个电商村也同样如此。

2023年以来，随着新冠疫情的逐渐离去，义乌电商市场再度活跃起来，上半年实现电子商务交易额2340.31亿元，同比增长11.57%。在稳定增长的态势下，新设电商经营主体10.11万户，同比增长54.05%。截至上半年，义乌共有电商经营主体54.08万户，同比增长28.21%，占全市经营主体总量的50%以上，占全省电商经营主体的1/3。

经过多年的发展，义乌已经从过去的全国性小商品批发市场发展成了全球最大的小商品流通中心和采购基地，也是全球最大的网络商品供应基地。如今义乌的电商早已跨出国门，成为中国最大的跨境电商集散地，同时也是全球最大的跨境电商集散地之一，目前有超过1200家跨境电商企业在义乌注册和运营。

目前，义乌已招引亚马逊、Shopee、Lazada、速卖通等跨境电商平台落地，构建了"店开全球"的对接机制。阿里国际站上线了"义乌小商品产业带专区"；亚马逊全球物流团队义乌服务中心启用，成立国内首个产业带集货运营中心；Shopee、速卖通义乌运营中心实现常态化运行。

跨境电商对接的是全球市场，这块"蛋糕"很大，但竞争激烈，尤其是近年大量的国内企业涌入"赛道"。义乌当地政府积极为电商企业营造良好的营商环境，制定了一系列包含国内电商、跨境电商、直播电商发展的相关政策，从政策扶持、营商环境、人才基础、国内快递优势等多个方面推动义乌电子商务质量与规模并重发展。

义乌电商的发展大势向人们展示了一个事实：商业模式基于地理优势，即地理即命运。义乌是全国的小商品基地，所以有条件发展出世界级的网络商品和跨境电商，就像著名历史学家阿诺德·汤因比说的"地理即命运"。当然，汤因比所说的地理与命运的关系，指的是国家和文明。但将地理与命运的关系套用在一起后就会发现，原来企业发展、商业模式也同样与地理环境有关。什么样的环境造就什么样的事业，华尔街是国际金融中心，不是谁给封的，而是华尔街的金融环境造就的；硅谷是世界级科技中心，也不是自说自话，而是硅谷的产业模式决定的。在中国搞与电商相关的事业，义乌绝对是首选，因为义乌具备电商生存的一切条件。

产业只有在合适的环境里才能生根发芽、开枝散叶，因为产业需要通过特定的地理优势形成精深聚集，以提供独特的价值和服务。

地理优势不仅可以让企业便利地获取原材料，还可以提高企业的生产效率。例如，位于资源丰富地区的采矿公司可以降低采购成本，从而在市场上具有价格竞争力；位于交通便利地区的制造企业可以更快地将产品送达市场，从而拥有了更快的交付速度。

企业位于人口密集区域，可以更容易接触到潜在客户，实现更高的销售额。企业可以通过选择合适的地理位置来优化供应链，减少运输成本和时间。例如，分布在不同地区的生产基地可以更快地响应不同市场的需求，降低库存风险。此外，对于特定文化和地域的了解，有助于企业更好地满足当地用户的需求，定制化产品和服务，提升市场份额。

但也必须意识到，全球化和数字化的发展使得某些产业的地理因素逐渐减弱，因为企业可以通过互联网在全球范围内开展业务。总之，通过充分利用地理位置所带来的资源、市场和供应链等优势，企业可以创造独特的价值，提高竞争力，实现可持续发展。

抢占原产地品牌的红利模式已经开启

2015年，因为世界互联网大会，乌镇火了，沉寂已久的熊晓鸽也火了，因为记者刨出了他投资乌镇收益翻8倍的历史。

2009年，熊晓鸽以4412万元人民币入股乌镇旅游，占其15%的股份。4年后，他以4.14亿元的价格将股份转给了中青旅，获得8倍增长，年均收益200%！当时，这样的投资回报率震撼了整个投资圈。

如果仅看这组投资收益数据，确实要为熊晓鸽的这次投资鼓掌喝彩，短短4年时间，获得8倍收益，可谓赚得盆满钵满。本着投资人常有的落袋为安的心态，熊晓鸽选择了见好就收，将8倍收益收入囊中。

虽然外界都对熊晓鸽的此番投资赞赏有加，但也对他轻易放弃了一块潜力无限的大蛋糕而略感到有些惋惜。因为乌镇扛起了中华传统文化的光荣与梦想的大旗，举办的一次次乌镇盛会，互联网大佬齐聚，各主要国家政要纷纷亲临夜游，旅游收益长虹。乌镇俨然已经成为中国旅游和中国文化的一张闪亮的名片，已经走出国门，走向了世界。

如今乌镇旅游的价值早已水涨船高，已经远远不是熊晓鸽放弃乌镇旅游股份时的青涩模样了。因此，在曾经的8倍惊叹之后，对于熊晓鸽放手乌镇旅游的失误，人们只能用摇头叹息作为总结。

那么熊晓鸽判断失误的原因是什么呢？最根本的是他对文化效应缺乏深刻的认识，尤其是在中国越来越强大、文化输出能力越来越强的背景下，一切能够反映中国文化的，其价值都在持续地成倍增长。乌镇无疑是其中的佼佼者，属于顶流的地方文化资源，握住这个资源就等于拿到了聚宝盆。正因为看到了这一点，中青旅在获得了乌镇旅游15%的股份后，从未想过要卖出，不仅持续持有，还加大持有量，并在其他同类文化资源领地进行投资，例如2019年投资古北水镇，中青旅要让这些地方文化资源成为自己永远的印钞机。因为只要文化不死，企业的投资就始终有价值，且永不贬值。

像中青旅这种占据地方文化资源的做法并非地域红利的唯一模式，因为不是只有和旅游相关的企业才能这样做，其他类型的企业也应充分认识原产地经济，率先抢占原产地品牌的红利。

以美食直播带货为例，主播们都非常注重食材的原产地，"红人+原产地直播"带火了很多特色农产品，甚至诞生了"世界料理之巅，源于原产地风味"的论调。这是最直接的原产地品牌优势，除美食类直播外，其他方方面面也都展开了原产地品牌竞争。例如销售绿植，就讲究不同绿植依据原产地销售的基本规律，金钱木因为在中国台湾、香港、福建、广东地区分布最广，所以很多福建漳州的商家在售卖；再如滴水观音在我国云南、广西、贵州、沿海岛屿广泛分布，因此很多广西商家在售卖……

以上也仅仅是列举了两个小场景，但在各行各业的企业都应遵循原产地品牌的高价值性，抢占原产地品牌的红利模式。具体实施策略如下：

（1）确立地域标志。将产品或服务与特定地域紧密联系起来，营造出地域独特性的形象。例如，法国的香水、意大利的时尚以及日本的科技产品，都以其地域标志为卖点，吸引了一大批忠实消费者。

（2）借助地域声誉。若原产地以优质、传统或技术领先等声誉闻名，那么企业就应充分挖掘这些特点，让产品或服务与之形成紧密的联系。这种声誉可以为企业树立信任度，提升品牌价值。例如，瑞士手表、德国精工的高质量声誉使它们成为全球著名的品牌。

（3）深度融合地域文化。将地域文化元素融入产品设计、包装、营销等方面，创造出与地域特色紧密相连的产品形象。这种文化融合可以使产品更具情感价值，与消费者产生更强烈的共鸣。例如，墨西哥的手工艺品常常融入当地民俗元素，增加了产品的吸引力。

（4）积极参与地域活动。支持当地社区、文化活动或公益事业，树立企业在地域内的良好形象。这不仅有助于赢得消费者好感，还能够加强品牌与原产地之间的联系。例如，企业可以通过赞助地方文化节庆，来与当地社区建立起更紧密的联系。

（5）利用数字化手段。在全球化时代，数字化平台能够迅速将品牌声誉传播到全球，企业可以通过社交媒体、电子商务等手段，将原产地品牌的特色和优势传达给更广泛的受众。这可以有效地抢占原产地品牌的红

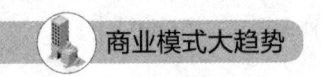

利，实现品牌知名度的提升。

综上所述，抢占原产地品牌的红利模式是企业获取市场竞争优势的有效途径。通过确立地域标志、借助地域声誉、深度融合地域文化、积极参与地域活动以及利用数字化手段，企业可以成功地利用原产地品牌的红利，实现品牌的持续增长和发展。

将城市作为一家公司来运营

都市群、都市圈和都市带的建设，被越来越多地赋予新时代拉动中国经济增长的引擎。城市的内部管网、交通和通信基础设施联网与持续更新，将对城市管理和运营水平提出更高的要求，从而进一步推动包括智慧城市在内的新基建。

打造智慧城市，就不能停留在传统的老方法上，一些有远见卓识的地方领导提出了"将城市作为一家公司来运营"的新策略。这就要求，地方官员要具有企业家的视角，能够设计出符合本地发展的城市级商业模式。

将城市作为公司来运营，不是真的将城市当作公司，市长变身企业家，而是要主动构建生态，让商业模式生存下来，让依靠城市商业模式的企业生存下来。总结为一句话：我负责阳光雨露，你负责茁壮成长。

最近，"一季度曹县汉服卖了十个亿"的消息冲上热搜，这座位于山东鲁西南的小县城不仅凭借强大的汉服产业"出圈",还为自己博得了"北上广曹"的雅号!

在涉足汉服之前,曹县是全国最大的戏服加工基地,但戏服市场日渐衰微,汉服市场渐成热门,敏锐的曹县人嗅到了属于未来的商机。一些果敢的商家率先开辟新生产线,在制作演出服的同时也生产汉服。随着汉服的发展势头越来越好,越来越多的商家逐渐完成转型,成为汉服制造商。

目前,曹县现有汉服和戏服加工企业超3000家,直接从业者近10万人,汉服销量已经达到全国市场份额的三分之一,几乎垄断了整个汉服产业的中低端市场。

曹县本就遍布淘宝村,积累了良好的电商基础,网络传播带来的流量效应反哺了当地产业发展,加之政府部门也重视相关产业的发展,加大了扶持力度,使得汉服这把"火"越烧越旺。

在对外销售和推广汉服的过程中,当地也曾面临严峻的同质化竞争困局。全国各地生产汉服的地方不在少数,曹县汉服靠什么脱颖而出?

意识到问题后,当地政府主动帮助企业对接先进设备、高校设计资源等,支撑汉服产业转型升级,从布匹批发、设计研发、电脑制版、刺绣印花、服装加工、网络销售、物流快递等相关产业,形成了完整的产业链条。

同时大力发展淘宝产业园,实现电商规模化、规范化和园区化发展。产业园还创新实施"党支部+电子商务+特色产业"的发展模式,为园区

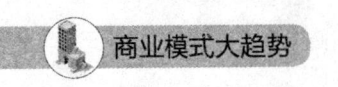

企业提供党建指导、创业扶持、技能培训、直播带货等系列精准化服务，完善了园区生态链建设，推动了党建工作与电商发展互促共融。

曹县政府与产业园协力组建行业协会，带领企业加强汉服原创设计，提升汉服品质，从设计、做工到布料使用上走高端路线。眼下，曹县正在投资111.2亿元打造"e裳之都·曹县汉服"和"曹县汉服"两个区域品牌。"e裳之都·中国曹县华服智创城"建成后，将成为全国最大的华服（汉服）智造基地，开启汉服产业转型升级的新征程。

曹县县委书记赵福龙在采访中表示："产业发展了，我们就要考虑如何从'一时红'到'长久红'。培育特色产业不容易，我们担心的是，不要成为昙花一现，要使产业具有长久的生命力。"

通过以上阐述可知，曹县上至政府部门，下到每一个参与汉服制作加工的个体，早已形成合作共赢的共同体。尤其是曹县政府，将政府"化身"企业，以企业身份经营着当地的汉服生意。

将城市作为一家公司来运营是一种前瞻性的概念，这种想法旨在将市政管理与企业经营理念相结合，来提高城市运营的效率和居民生活的质量。以下来探讨这一概念的实际应用。

一是市政效率提升。城市引入企业管理的流程和方法，优化政府机构的运作。政府成立不同的部门，如市政基础设施、社会服务和环境保护等部门，或与其他地方政府机构签署双赢协议，如投融资协议、联合发展协议、金融贷款协议等。这种管理方式使市政决策更加高效，资源分配更加合理。

曹县政府为了大力扶持汉服生意，主动打破传统贷款流程长、时间久的困局，与浙江网商银行签署《"数字化普惠金融项目"战略合作协议》，真正实现了"310模式"，即"三分钟申请、一分钟到账、零人工干预"的曹县速度。

同时开辟绿色通道，对在外电商企业回迁业务优先办理，明确迁入流程，简化办理程序，促进在外电商企业尽快回迁，充分享受曹县的便捷服务和良好营商环境。

二是公共服务改进。基于市场需求，政府需要优化公共服务。例如，政府设立市政服务中心，提供"一站式"政务办理服务，缩短了市民和企业办事的时间。同时，通过引入竞争机制，公共交通服务和物流运输业务得到了改善，提高了市民出行和企业产品运输的便利性。

为使"两服"产业长久红下去，曹县将以往的大水漫灌培训模式改为精准滴灌，指导镇街发动传统商贸流通企业、传统生产制造企业、市场商户、电商企业等参加培训。

曹县成立了知识产权快速维权中心，面向"两服"产业开展知识产权快速维权服务，将专利申请办理时间从传统的180天缩短至10天。

三是资源利用效率提升。政府推行资源循环利用政策，与地方组织、地方院校、私营企业等合作，建设高质量、高端化的创新平台，既可减少资源浪费，还能为城市创造可持续的经济增长。

曹县政府积极对接省服装设计协会、浙江理工大学服装学院、山东工艺美院等，着手开发"曹县汉服"App，共同夯实创业基地、创新平台载体，推动汉服产业朝品牌化、高端化、国际化发展，实现协会、高校与地方良性互动共赢发展。

四是城市形象提升。政府将城市形象视为"品牌"，通过市场营销策略来吸引投资和游客。政府投资改善人才架构，修建公共文化设施，并举办国际性活动，提升了城市的知名度和吸引力。

曹县政府充分利用遍布全国的10处"招才引智站"和33处"创业服务站"，通过"招引培挖"四种方式引进户籍在曹县、从事电商或者与电商相关业务的优秀人才回乡发展。同时依托曹县汉服的响亮名声，举办各种汉服展销展览，吸引国内外对汉服文化感兴趣的企业、团体和个人来曹县投资、合作、进行交易，以此扩大曹县汉服的国内外知名度。

综上所述，在实际运营中，将城市作为一家公司需要综合考虑各种因素，权衡经济效益与社会福祉之间的关系。政府应当好引路人，在制度创设、人才引培、基础设施配套上下功夫，最大限度地激活各类市场资源，切实培育经济发展的良好生态。合理设定阶段性目标任务，一届接着一届干，稳扎稳打，砥砺前行，助推产业向区域化、集群化、园区化蓬勃发展。

第七章　消费互联网的叠加效应

智能合约和利益掠夺的终结

在区块链技术兴起后，去中心化成为最受关注的概念之一，一时间各种去中心化都浮现了出来，好像任何方面如果不与去中心化联系起来就称不上是最新的。各种新兴商业模式也必然带上去中心化。不可否认，去中心化确实是当下最受关注也代表着未来的新概念，尤其是互联网时代的高速发展，过往的中心效应已经不复存在了，各种网格和无边界成为必然。

之前依赖大的电商平台作为流量来源、交易平台的"中心化"电商模式，也随着大平台流量聚集效应的减弱而离散为现在的"去中心化"或者说是"多中心化"商业模式。现在每个用户都是一个主体，自己变成了中心，向身边的人推荐商品和信息，形成传播，如抖音、小红书等种草平台成为人们购物前首选的获取信息的途径。

企业组织也在这股去中心化大潮中逐渐改变，去中心化的 DAO 组织带来超越企业制度的模式，与传统的中央集权模式相对立。在去中心化组织中，权力、决策和控制被分散到多个节点或参与者之间，而不是集中在单一的中央实体。因此，旧模式只有股东得益，其他人债务循环，老而无果；新模式则是由上至下分享成果，属于机制层面的商业模式创新。

这种模式通常使用技术工具和协议来支持分布式决策和协作。因此，企业内部就会形成一个个被广泛接受的生态系统，未来企业只能生存于这样的组织系统中——要获得生存资格，就要为比自己更加庞大的系统作出贡献，在生态系统中建立自己的生态位，这就是场域融合。不同场域在组织内相互协作，以实现企业的运作和目标。

当这种模式大行其道后，曾经建立在中心化模式下的传统合约方式必然会被改变，新的智能合约模式有望终结一些存在于传统商业环境中的利益掠夺现象，让商业关系变得更公平、更透明和更高效。

智能合约是一种以代码形式编写的自动化合约，其执行不依赖于中介机构，而是通过区块链技术自动执行和验证。这意味着一旦设定条件被满足，合约就会自动执行，从而排除了人为因素和不必要的中介环节。这种特性使得智能合约能够降低执行合约的成本和时间，提高合约的可靠性和透明度。

在传统商业环境中，一些利益掠夺现象可能难以避免。这包括信息不对称、合同违约和中介机构的高昂费用等问题。其中信息不对称可能导致一方在交易中处于弱势地位，合同违约可能使得一方难以维权，而智能合约的自动执行和不可篡改性，有望从根本上解决这种问题。

智能合约的自动执行能够消除信息不对称问题。一旦交易条件被满足，合约将自动执行，确保交易双方都能按照合约约定行事。这意味着交易不再依赖一方提供的信息，而是依赖事实本身。

智能合约的不可篡改性能够防止合同违约。一旦合约被记录在区块链上，它将无法被修改或删除。这使得双方都有强大的激励遵守合约，因为一旦违约，证据将永远保存在区块链上，从而导致声誉受损和法律责任。

最重要的是，智能合约能够减少中介机构的参与，从而降低交易的成本。传统上，一些交易需要依赖第三方机构的验证和监管，但这可能导致高昂的费用。通过智能合约，交易的验证和执行将由代码自动完成，无须中介机构参与，从而减少了中介费用和交易成本。

然而，智能合约也并非没有挑战。智能合约的代码编写和审查需要高度的专业技术知识，一旦存在漏洞或错误，可能导致严重后果。另外，智能合约的执行也受到法律和监管环境的限制，尤其是在涉及多国跨境交易时。因此，智能合约的应用还需要克服技术、法律和监管等方面的挑战，才能够实现其潜力。

共享资产和协同消费模式

现在的消费者有了和生产者谈判的资格与条件。乍看之下，这句话好像有些不着边际，消费者如何同生产者谈判呢？是像真正的谈判场景那样，双方坐在谈判桌两侧，展开唇枪舌剑的对话，以期达成各自的目的？但在现实中，我们并未看到这样的场景，消费者和生产者好像多数时间都能和谐共处，并不会以对立面的身份展开主导权的争夺。

如果一切都是表面看到的这样，那么"消费者聚集一起和生产者谈判"这个条件就是不成立的。但是，翻转来了，在现实中，消费者确实在与生产者展开一轮又一轮的谈判，只是谈判的地点不在现实中的谈判桌两侧，也不以正式谈判的形式出现，真正的消费者与生产者的谈判出现在消费者反馈和生产者接受反馈的过程中。

一位从事石油产业的朋友很喜欢看北美职业冰球联赛NHL，他是埃德蒙顿油人队的铁粉，之所以喜欢这支球队，是因为球队的球衣配色很符合石油工人的气质，橙色的主色调，搭配藏蓝色，对于曾经在石油第一线工作了十年的他，看到油人队的球衣就像回到了家一样。但是这种美好的寄托在前年被打破了，油人队更换了主场球衣颜色，主色变成了宝石蓝色，搭配橙色，已经完全没有石油工人的样子了。

关于这支队伍更换球衣颜色事件，朋友其实已经有了心理准备，因为每个赛季开始前的球衣亮相都会引来大批球迷的评论，其中很大一部分是希望球队能够更换球衣原色，原因在于欧美人普遍对橙色不感冒，因为橙色是监狱服刑人员服装的颜色。而且油人队的服装和石油工人的服装很像，被粉丝评论为"工作服"。在网络尚不发达时，这种针对球衣原色的"声讨"并不强烈，因为即便球迷反对，球队也不知道。但随着网络逐渐发达，球迷的声音可以更快、更多地传递到球队，当越来越多的人要求更换掉他们不满意的"工作服"时，球队必然会重视起来，最终油人队更换掉了经典的橙色球衣，换成了在朋友眼中不伦不类的球衣。为此朋友气愤得一个赛季都没有看比赛，因为在他眼里，他熟悉的那支油人队已经没有了。

我们可以把消费者看作油人队球迷，油人队是生产者，最终两者间的"谈判"博弈，以消费者的胜利告终。虽然不是每一次消费者和生产者的谈判消费者都会获胜，但消费者所传递出的声音是生产者必须认真对待的，否则就会遭到消费者的无视。

现在是人工智能时代，那么是不是可以因为智能机器在生产中的应用，就无视消费者的反馈呢？当然不可以，消费者的反馈必须永远重视。人工智能的发展是时代的必然，人工智能的运用是为了降低生产成本，提高生产效率，获取更多利润。发生的变化是在生产端，而且是为了获得更

143

多消费者，因此不但不能无视消费者，还要更重视消费者的意见。

当消费者有了与生产者公平交换意见的机会和平台后，就会引出两个概念，即共享资产和协同消费模式。

共享资产是指每一位参与到资产生成和资产闲置过程中的成员都可以资本参与者的方式实现资源共享。

协同消费是一种经济模式，它允许消费者利用线上线下的社区、团体、沙龙、培训等工具进行连接，实现合作或互利消费。这种模式包括在拥有、租赁、使用或互相交换物品与服务、集中采购等方面的合作。

共享资产和协同消费模式可以最大限度地优化资源利用和满足消费需求，对经济、社会和环境产生了积极影响。

在传统模式下，许多资源被浪费或闲置，而共享资产模式通过共享经济平台，将个人或企业的闲置资产进行共享，如共享汽车、共享办公空间等。这种模式不仅减少了浪费，还提高了资源的使用效率，为社会创造了更多的经济价值。

在协同消费模式下，用户通过共同购买、共享使用产品或服务，从而降低了个人的消费成本。例如，多人合租房屋、共同采购商品等。这不仅使消费者受益，还促进了社会资源的更合理配置。

而且，共享资产和协同消费模式还促进了社会的可持续发展。共享资产模式减少了资源的过度开发，有利于环境的保护与可持续利用。而协同消费模式通过减少浪费，降低了对资源的过度消耗，有助于缓解环境压力。

总之,共享资产和协同消费模式在推动资源优化利用、促进社会合作、实现可持续发展等方面发挥了重要作用。然而,要实现其最大潜力,需要各方共同努力,推动共享经济模式的健康发展。

重新认识买手经济模式

买手经济模式是一种基于社交媒体和数字平台的商业模式,其核心理念是将个人或社交媒体上的"买手"转化为影响力强大的购买推荐者,推动产品销售。随着社交媒体的普及和电子商务的快速发展,买手经济模式逐渐崭露头角,引发了商业格局的深刻变革。

买手经济模式的起源可以追溯到社交媒体的兴起,特别是在亚洲市场。一些个人通过分享自己的购物经验、时尚搭配和产品评价,吸引了大量粉丝和关注。越来越多的消费者倾向于在网上寻找购物建议和产品评价,买手的推荐在一定程度上替代了传统的推销渠道。随着数字消费习惯日益深入人心,买手的影响力逐渐扩大,社交媒体平台成为买手经济模式的重要基础,买手通过内容创作和互动吸引粉丝,建立影响力。之后借助社交媒体建立个人品牌,其真实性和亲和力吸引了粉丝的信任,从而影响他们的购买决策。品牌商家看中买手的影响力和粉丝群体,意识到可以借助买手的影响力来推广产品和服务。于是，买手经济模式开始崭露头角，成为品牌推广的有效手段。

随着时间的推移，买手不再仅仅局限于时尚领域，逐渐涵盖各个行业，包括美妆、健康、旅游等。个人买手逐渐演变为专业买手，他们通过丰富的专业知识和独特的视角，为消费者提供更加深入的产品测评和购买建议。同时，也出现了机构化的买手团队，他们代表品牌进行产品推广，为品牌商家开展全方位的营销活动。

买手经济将消费者和品牌之间的关系从"买卖"升级为"选买"，从而在保证产品品质和价值的前提下，通过更有效率的资源配置，实现消费者与品牌之间的"价值最大化"。买手经济是一种新型的经济模式，它改变了传统的生产和消费方式，使得消费者能够更加便捷地获取到高品质的产品或服务。

如今异常红火的网络带货就是买手经济的集中体现，不仅是头部网红，还有普通网红，都在自己的领域和辐射范围内为消费者带去可供"选买"的产品。因此，买手经济的核心就是"选买"，通过专业的买手团队对品牌进行筛选和评估，确保产品的质量和服务水平。同时，买手团队也会根据消费者的需求和反馈，对品牌进行优化和改进，使得商品更加符合消费者的期望和需求。

买手经济的发展离不开互联网平台的支持。通过互联网平台，买手团队可以快速获取消费者的反馈和需求信息，从而更好地把握市场动态和趋势。

对于消费者而言，买手经济提供了更加优质、便捷的购物体验，使得消费者可以更加方便地获取到高品质的产品或服务。

对于品牌而言，买手经济提供了一个更公平、更透明、更高效的竞争环境，使得品牌可以更加专注于提升产品和服务质量，满足消费者的需求和期望。

因此，如今的买手经济已经不是简单原始的代购和商品推荐，而是已成为能够为消费者提供更加便捷购物体验，使消费者可以更加方便地获取到高品质的产品或服务的新兴经济模式。可以预见，买手经济模式在未来必将继续发展壮大，但也会随着时代的进步而出现一些新的变化，以此来应对新的挑战。具体的变化与挑战如下。

（1）专业化和差异化。买手需要不断提升自身的专业素养，提供有深度的购买建议，从而与其他竞争者形成差异化。

（2）监管和信任问题。随着买手模式的普及，可能会出现一些虚假宣传、不当推广等问题，需要监管部门进行合理规范，以维护消费者的权益。

（3）多元化平台和合作模式。买手可能会在不同的平台上活跃，品牌商家需要灵活调整合作策略，拓展多样化的推广渠道。

（4）数据驱动和技术创新。借助数据分析和技术创新，买手可以更好地了解受众需求，提供更精准的购买建议，来进一步提高影响力。

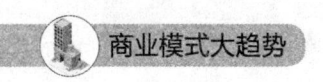

曾经，买手经济模式的发展源于社交媒体和数字平台的兴起，通过个人或团队的影响力，推动产品销售和品牌推广。当下，买手经济已经发展成为一种新型的经济模式，通过互联网平台和专业的买手团队，实现了消费者与品牌之间的"价值最大化"。未来，买手经济模式有望持续发展，对于消费者和品牌将产生更积极的影响，为品牌商家和消费者带来更大的价值和机会。

网络化协同制造模式

中航西安飞机工业集团股份有限公司（以下简称中航西飞）是一家以研制和生产飞机和航空零部件为主的航空工业企业，其先后研制、生产了20余种型号的飞机。

2015年，中航西飞公司的"支线飞机协同开发与云制造试点示范"项目入选工信部智能制造试点示范项目。中航西飞公司以此项目为载体，在网络化协同制造领域积累探索，走出了一条前无古人的创新之路。下面我们就来详细介绍中航西飞的网络化协同制造模式，其共分为四个协同：

协同1：协同研发——搭建协同开发与云制造平台

飞机制造生产部门多，涉及主设计商、主制造商、供应商、专业化生产单位和航空公司单位之间的高度协调，若想优化各种制造资源，提升制造能力，必须将研发、采购、制造、客服融为一体。为此，中航西飞构建了一个协同开发与云制造平台，在飞机设计过程中，实现飞机概念设计、工艺设计、详细设计、仿真计算的异地全程参与，针对用户的每一个调整，设计部门可以及时跟进，并与制造厂和零部件供应商沟通，实现设计环节的高效联动。

中航西飞采用MBD数字技术构建协同开发与云制造平台，将产品的各项指标、参数进行数字化定义，用三维技术表达产品信息和工艺信息等。最关键的是将研制周期缩短了近一半，生产产品达到了零次品级别。

通过协同开发与云制造平台的搭建，中航西飞突破了时间、空间和地域的限制，保障了全行业优势资源"异地协同与联合制造"模式的成功应用。

协同2：协同制造——形成异地协同制造体系

飞机制造的主制造商、零部件生产单位和供应商的空间分布广，当有突发情况发生时，导致生产及时调整的空间几乎没有，一个极小的生产问题或物流运输问题就可能对整机生产造成影响。为此，中航西飞构建了基于网络的异地多厂（所）协同制造体系，将整机组装、零部件厂（所）加工、零部件运输等资源进行整合，形成一个针对飞机组装和零部件生产运输的网络化制造联盟，可以针对不同型号的飞机制造需求制订出个性化的组装和零部件生产运输方案。其中，最关键的零部件生产和物流运输能够根据事实动态信息，及时提供配套生产供应，实现对生产资源和运输资源

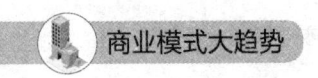

的优化配置。

异地系统制造的基础在于研发阶段的数字设计，整机制造过程按照设计研发环节的三维数据源进行制造，可以广泛采用数字化、网络化生产装备和制造系统，开展柔性化、分布式的生产，实现生产过程的可预测、可调整和可追溯。

协同3：协同管理——应用CAXA系统的敏捷化管理体系

中航西飞进行协同管理，主要是为了适应协同研发和协同制造的需要，即为了保障上面两个协同的顺利实现。协同管理主要涉及数据管理、流程管理、物流管理、仓储管理等。

通过建立CAXA系统管理数控中心，逐步形成敏捷化管理体系。再基于CAXA管理平台，将公司数控中心的所有产品的文档分别挂接在不同的节点下，图纸直接与数控车间的各个数控设备相连，实现对计划客户端和工艺客户端的流程管控。

优化采购供应模式，利用外商的采购网络和巨量库存缩短物流环节，规避国际运输、验收、仓储、配送等环节的费用和风险。

协同4：协同服务——建立远程诊断系统和动态服务机制

中航西飞运用数字化技术建立航空故障和维护维修数据库，构建支持多专业协同的远程诊断系统。通过该系统，可实现对航空产品的使用性能、功耗、能耗等过程的监控，有针对性地对航空产品的运行进行数据采集分析，并根据对运行数据的分析，预先制订改进方案，对飞机进行健康管理，提高航空产品服务的安全性与及时性。

中航西飞将服务代表、工程技术、备件支持等各方面资源组合、并入一体化的协同工作平台，由过去事后被动服务转为事前主动服务。

在上述四个协同中，协同研发和协同制造是主线协同，协同管理和协同服务是辅助协同。主辅线协同相互配合、紧密联系，共同构成了中航西飞的网络化协同制造模式。

在对中航西飞的网络化协同制造模式进行详细介绍后，相信大家都对网络化协同有了更全面、更深入的认知。网络化协同制造模式是五种智能制造模式之一，主要适用于产品结构复杂、设计周期长、制造环节多的大型装备产品的研发和生产中。未实施网络化协同之前，企业与用户的关系是"我设计，我生产，你消费"，在实施网络化协同之后，企业与用户的关系升级为"你建议，我设计，你反馈，我生产，你消费，我改进"，客户在产品设计与生产中的作用得到了极大提升，让产品设计与生产更加符合用户需求。

如果将这种关系升级看作单个行为，那么就无法真正发挥网络化协同的作用，因此这种关系升级一定是普遍性的，任何用户都可以根据自己的需求提出具体要求，而企业会通过数字技术的各种协同工作将要求分离出来，以个性化定制的方式满足用户需求。

单个的个性化定制将导致生产价格提升，而大规模的定制则必然会形成低价模式，让企业更具竞争力。大规模定制通常分为两种形式，一种是

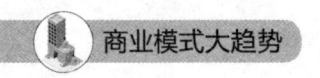

需求统一，另一种是需求不统一。

需求统一的大批量定制，是过往企业一直在实施的措施，用户下订单，企业按照用户订单需求生产产品，这种定制与网络化协同的距离很远。

需求不统一的大批量定制，将考验企业处理定制需求和执行定制生产的能力，这就需要网络化协同加以辅助，通过数字化技术而非人为方式，将不同用户的需求整理出来，交由协同生产环节以智能生产方式进行加工。无论用户有怎样的需求，无论需求中需要什么特殊的东西，网络化协同都能准确计算出给用户的报价，并且每一条都会有具体说明，用户根据系统给出的价格进行反馈，或调整需求，或确认需求。

在数字化时代，利用网络技术与信息共享平台，实现不同企业、组织或个体之间的紧密协作与协同制造。网络化协同制造模式的核心在于信息共享与互联互通。通过互联网、云计算、物联网等技术手段，企业能够实现实时数据传输与共享，降低信息不对称所带来的风险，提高生产决策的准确性。同时，不同环节的合作伙伴能够更加紧密地协同工作，实现生产流程的优化与协调。

网络化协同制造模式也使得企业能够更灵活地调整生产布局与供应链管理。通过连接全球资源，企业可以更快速地获取所需原材料与零部件，减少库存压力，降低成本。此外，网络化协同制造模式还能促进创新。不同企业之间的合作能够促使新理念、新技术的引入，推动产业的创新发展。

总之，网络化协同制造模式为现代制造业带来了全新的发展机遇与挑战。通过充分利用网络技术与信息共享平台，企业能够更高效地协同工作，提高生产效率与质量，实现可持续发展。

消费品牌是代表消费者的最佳"买手"

何为消费品牌？

消费品牌是指在市场中销售给个人或家庭使用的产品或服务，通常与特定的企业、品牌名称和标志相关联。这些品牌在消费者心目中建立了信任和认可度，因为它们代表了一定的品质、价值和风格。消费品牌包括各种日常生活用品，如食品、饮料、服装、化妆品、家居用品等。这些品牌的成功通常涉及市场营销、品牌定位和消费者情感的建立。

正因为消费品牌能够在消费者心目中建立起信任和认可度，这些关联着企业和品牌名称的消费品便可以在消费者心智中拥有先入为主的牢固地位。想一想我们正在食用和使用的一些消费品，有多少是长久以来的消费认知决定的，也就是说这样的消费品已经很长时间未更换过品牌了，也没想过要更换，因为已经用习惯了，产生了高度的信任感，即便市面上又出现了同类性价比更好的产品，我们可能都不知道，甚至即使知道也懒得更换。

关于这一点，我想大家都有切身感受。比如我自己，使用某款洗衣液，从开始使用洗衣液，就用那一个品牌，即便是更换也是在同品牌中更换，其他品牌概不考虑。是因为其他品牌不好用吗？肯定不是，因为我都没有使用过。只是因为对使用这一品牌成了习惯，下意识想不到要去更换品牌。再如某款食用油，也是从小时候就看母亲买这个品牌的食用油，经济独立后便想都不想地继续买这个品牌的食用油，甚至天然性地产生了"这个油是最好"的结论。

很显然，我对这两款产品的执着导致了我的一些认知出现了偏差，而这些认知偏差在其他很多消费者身上都存在甚至司空见惯，毕竟现代的商品琳琅满目，可选择性太多了，如果真的想要货比三家，要消耗太多时间和精力，这样还不如选中一款就长期购买，省时又省力。一些企业也正是抓住了消费者的这种心理，在产品设计和价格设定上，逐渐地开始不走心、不亲民，反正消费者使用上了就轻易不会换，那又何必多花精力改进和降低成本呢？

现实中也的确有很多企业在钻消费者心理惰性的空子，长期不更新产品，甚至悄悄地压低性价比，以"温水煮青蛙"的方式收割消费者。虽然短时间内消费者难以发现，但时间长了就会慢慢发现，转而离企业产品而去。

企业的这种以"旧品牌高价坑消费者"的情况，不仅存在于单独的企业或品牌中，一些平台也会这么做。在通过正确的商业模式赢得消费者认可，并且积累了海量的消费者群体后，这些平台便开始逐渐脱离"与消费者站在一起"的初衷，价格开始走高，一副"反正消费者认可我"的无所谓状态。这一现状往往在一些烧钱行为后浮现，当少数几家大鳄通过烧钱将其他小对手"烧死"后，便像商量好了一样提价，要将前期"烧"进去的钱加倍赚回来。

这种"羊毛出在羊身上"的经营模式是属于旧时代的，也是旧有商业模式下的盈利方式。现代企业应该面向未来，在现代商业模式大趋势下，任何一个着力点都不允许企业再以"收割"消费者的思维经营。也就是说，新时代下的新消费品牌必须有帮助用户获得最佳性价比产品的基本认知。现在，如果一个新消费品牌做不到，那么就会有一群消费品牌联合起来向该消费品牌宣战，真心实意地站在消费者一边，同心协力地为夺回资本定价权而战。

可见，在新商业模式替代旧商业模式的过程中，新旧双方战斗会非常激烈，旧商业模式会全力以赴地捍卫已有的领地，新商业模式就不能有丝毫犹豫和妥协，也必须以破釜沉舟的勇气争夺生存空间。商业模式的更替之战，从来都是你死我活的，但无论前浪如何挣扎，后浪都必然将前浪拍在沙滩上。

随着消费者对于产品质量和性价比的要求不断提高，新消费品牌联合起来帮助用户获得最佳性价比产品已经成为新的趋势。这种合作不仅有助于提升消费者的购物体验，还可以推动品牌之间的协作和创新。

近年来，电商平台积极推动不同品牌之间的合作，旨在为消费者提供更多选择和更好的购物体验。例如，淘宝上经常会看到多个品牌联合推出"品牌日"活动，以打折、捆绑销售等方式提供一系列相互搭配的产品，帮助消费者以更低的价格购买到更多优质产品。

此外，一些消费品牌也开始通过跨行业合作来提供综合性的产品套装，以满足消费者多方面的需求。比如，一家健身用品品牌可以与一家营养品品牌合作，推出"健康生活套装"，将健身器材和营养补充品进行捆绑销售，为消费者提供全方位的健康解决方案。

通过合作，消费品牌还可以共同进行研发和创新，推出更具性价比的产品。例如，多个智能家居品牌可以合作开发统一的智能控制中心，使消费者可以更方便地管理各种智能设备，同时避免重复投资。

由此可知，新消费品牌联合起来，集体化身"买手"，帮助消费者获得最佳性价比产品，是当前的一个积极趋势。通过跨品牌合作和创新，可以让消费者在购物时获得更多选择和更好的体验，同时也促进了品牌之间的合作和发展。

曾经以单个专业人士帮助和代表消费者进行购物的买手经济模式已经彻底远去了，未来消费品牌作为代表消费者的最佳"买手"，将彻底改变人们的购物方式和消费观念。

可以预见，人工智能技术将在买手经济中发挥重要作用。企业通过分析大量的消费数据，预测消费者可能感兴趣的产品，然后进行目标性的设计与生产，并向消费者提供有针对性的推荐，从而提升购物效率和满意度。

企业作为"买手"不仅有利于消费者，更为新兴品牌提供了前所未有的发展机会。未来，基于企业的买手经济将越发强大，企业将通过个性化、智能化的设计、生产和销售，为消费者提供更好的购物解决方案。同时，这种企业型买手经济还会推动消费者、品牌、企业和前沿科技的深度融合，创造出更加丰富多彩的消费生态。

第三部分
未来商业模式大趋势和实践策略

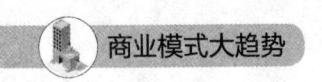

第八章 小企业的全球数字化协作模式

公司DAO化，建立全球协作和服务模式

在上一章的第一节中，我们提到了去中心化的DAO组织，说这种组织形式是"带来超越公司制度的模式"，本节就来详细阐述这种组织形式。

DAO组织的全称是去中心化自治组织（Decentralized Autonomous Organization）。它是一种新兴的组织形式，是利用区块链和智能合约技术，在无须中央控制的情况下实现组织的运作和决策。在DAO模式中，成员可以通过投票等方式参与决策，从而实现一种去中心化的管理方式。

为什么面向未来的企业必须结合这样的组织形式呢？主要原因是想要生存和发展惹的祸。企业要生存，就离不开人才，企业想发展成什么级别，就离不开什么级别人才的辅助。大企业总是很容易就能吸引到人才，且越高端的人才越想去大企业实现自己的理想。数量庞大的中小企业则很难吸引人才加盟，缺乏人才就意味着企业没有可以维持生存和实现发展的关键性要素。这种局面不能怪人才"拜金",毕竟每个人都要为个人的职业生涯负责,中小企业的不确定性是阻止人才加盟的重要因素。其实,并非所有的人才都只想去大企业,也有一些人才希望去中小企业施展才华,因为只有辅助一家中小企业做大做强,个人才能实现价值最大化。但还是那个现实问题,中小企业的不确定性太多了,选择中小企业所应承担的风险和收入最起码在几年之内是严重失衡的。

那么,是不是中小企业就一定与人才无法共生呢?如果是传统模式下的企业管理与架构,这个问题的答案就是肯定的。但在企业组织实现DAO化之后,这个问题的答案就变成了否定的。DAO化的中小企业,因为组织结构的扁平性和无边界性,所以人才不是必须到企业中来,而是可以通过远程协作的方式,实现人才与企业的共生关系。这样,人才也不会吃亏,企业也提升了竞争实力,可谓一举两得。

无论从哪个方面看,DAO都是一种新型的组织形式,相较于传统的公司制度,它具备一些独特的优势:

(1)去中心化决策。DAO不依赖于单一的中央权威,而是允许参与者直接参与组织的决策制定,决策是基于智能合约预先设定的规则和条件进行的,从而实现自主的决策和操作,避免了公司中的层级决策和中央集权。

(2)透明度与信任。DAO的所有决策和交易记录都被公开记录在区块链上,整个过程具备高度的透明性,由此增强了信任,避免了信息不对称

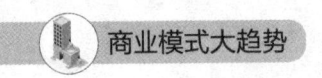

问题。

（3）全球化协作。DAO 可以吸引来自全球各地的成员参与，无须局限于特定的地理位置。这有助于汇集多样的知识和资源。

（4）强服务模式。DAO 有助于建立更加个性化的服务模式，通过智能合约并根据客户的需求和偏好，提供定制化的产品和服务，以增强用户满意度。

（5）激励参与。DAO 减少了中间人和层级结构，任何人都可以通过持有代币或参与投票等方式参与到 DAO 组织的决策过程中。

（6）适应广泛。DAO 不像传统公司那样受限于复杂的法律结构，因此更具灵活性，能够更快地适应变化，并促进创新。

DAO 组织的应用范围涵盖了金融、社交、艺术、科技等多个领域。如今，有越来越多的公司开始考虑将分散的决策权和资源配置集中到一个更加去中心化的模式中，通过区块链技术和智能合约来实现组织内外部参与者之间的透明、协作和治理。

然而，要实现公司 DAO 化并建立全球协作和服务模式，并不是一项轻松的任务。首先，需要公司领导层的明确支持和愿景，以及对新模式的适应和引导。其次，安全和隐私问题需要得到充分的考虑和保护。特别是在智能合约中处理敏感信息时，必须确保信息的安全性。

总结而言，公司 DAO 化为实现全球协作和个性化服务模式提供了新的机会。通过去中心化的决策和资源配置，公司可以更加高效地运作，同时激发全球范围内的创新和协作。虽然成功实现这一目标需要克服一系列挑战，包括领导支持、安全保障等，但只要通过克服这些挑战，公司就可以迈向更加灵活和适应性更强的未来。

数字化的价值在于极大降低组织运营成本

企业组织结构是各要素有机结合并系统化的一个过程，组织运行则是让过程运动起来的结果体现。企业组织通常有三个功能。

（1）实现目标。这是组织最重要的事情，即把各个要素组合起来干什么呢？就是要实现目标。所以一个组织如果没有绩效或者绩效不达标，说明其不能实现目标，则该组织未能完成任务。

（2）让人有价值。同一个人在不同的组织内，其价值创造能力是不同的。如何让人的价值得到最大释放，是组织必须思考且不断完善的工作。

（3）可持续发展。关于"可持续"在前面已经反复提过很多次了，每个方面都有各自不同的含义，但总的意思是能够在正确的道路上不断发展下去。企业想要活得好，组织必须保持生命力，评价一个事业是不是可持续的事业，主要标准就是看组织的传承。

如今已经从信息化时代迈入了数字化时代，与其他方方面面的数字化转型与改革一样，企业组织也要进行数字化转型。但数字化转型不是简单的技术上的数字化，数字化转型的最本质是让组织的功能性得到更好的释放。但在进行组织的数字化转型时，不能让上述三个组织功能被淡化，甚至被忽视，反而是应该被强化。因为一个不能实现目标或者不能释放人的价值或者无法可持续发展的组织，即便进行了数字化转型又有什么意义呢！而且，数字化转型是让数字能力服务于组织，并非凌驾于组织之上，一切数字服务、智能服务、人＋GPT等工作，都可以实现一个人等于一个团队的目标。

组织的数字化转型，也并非简单地让智能替代人，让合作替代雇佣。这只是表面现象，乍一看科技确实进步了，数字化正在逐渐延展和实现。但深层次的追求则并非只是需要科技的装点，而是要通过科技实现提高效率、改进流程、降低运营成本的综合性目的。

组织进行数字化转型后，可以通过自动化和智能化的工具更快速地完成任务，减少了人为错误，提高了生产线的稳定性。例如，生产过程中的机器人和自动化系统可以连续工作，减少了因人为操作而可能导致的停工时间。

数字化的数据分析和预测能力使企业能够更准确地预测市场需求，从而优化生产计划，减少了生产过剩和不足的产能，降低了库存成本。

数字化技术改进了组织内部的流程和沟通方式。云计算和协作工具使团队能够远程协同工作，既不再受地理位置的限制，也避免了误解和信息丢失，降低了协调和沟通成本。

数字化技术为企业提供了更多的数据可视化和分析工具，使管理者能够更好地了解业务状况，有助于减少盲目投资和资源浪费，进行合理决策，优化资源配置。例如，通过分析用户行为数据，企业可以更好地理解用户需求，精准地进行市场推广，提高销售转化率，减少市场营销成本。

数字化技术带来了更多的自助服务和与用户互动的方式，自助终端、在线客服和智能机器人等工具使用户能够自主解决问题，降低人工客服支持的需求，提高用户满意度，带来更高的用户忠诚度和重复购买率。

综上所述，数字化技术在降低组织运营成本方面发挥着不可忽视的作用。通过提高效率、优化流程、改进决策和用户互动方式，数字化使企业能够更灵活地应对市场变化，提高了综合竞争力。

高端服务业的全球化运营模式

提起拉姆·查兰，熟悉的人都知道他是当代最具影响力的管理咨询大师。他的著作广为人知，他的演讲总能有振聋发聩的作用。拉姆·查兰曾为通用电气、杜邦公司、福特汽车、美国银行、英特尔、花旗集团等数十家世界500强企业的高管顾问，被企业家称为"终极智囊"。

这样一位被杰克·韦尔奇称为"有罕见能力的人"，尽管已是耄耋之年，却仍然闲不下来，奔波于世界各地，似乎没有停下来的意思。很多人会认为，这样一位世界级的咨询大师，一定有一个顶尖的团队帮其运作，他只要负责"动动嘴"就行了。有这样的想法并不奇怪，看看那些明星，哪个身后不是一整个团队在为其服务。哪怕只是一个没什么真本事，只靠卖脸的网红，身后也一样有一个团队在"打造"着他。好像在流量的时代，想要将流量吸引到自己这边，就不能只靠一个人的力量，必须"众人拾柴火焰高"才行。

作为总是有非常规思维的拉姆·查兰而言，各个时代的必需要素好像都不是必需的，摆出一副"敌军围困万千重，我自岿然不动"的态势，任凭时代如何发展，始终保持"一位专家＋一个助理"极简团队模式。之所以还保留一个助理，原因是毕竟不能所有事都亲力亲为。

很多人可能会疑惑，以为世界级专家，每天需要处理的事情得有多少啊，应该忙得像陀螺一样，仅凭一个助理怎么可能应对得了。但是，事实是拉姆·查兰就偏偏做到了，且还做得很好、很惬意。

拉姆·查兰究竟在经营着一种怎样的业务模式呢？在如今非常容易总结，就是"超级个体模式＋全球服务模式"。

超级个体模式，是指个人在数字化、网络化环境下，通过自我品牌塑造、在线交流等途径实现个人价值最大化的模式。超级个体模式的兴起得益于互联网和社交媒体的普及，个人可以通过各种在线平台展示自己的才华，建立粉丝群体，实现商业价值。

全球服务模式，则强调跨国界的合作与交流，通过全球资源配置和服务输出来实现经济增长。全球服务模式强调国际的协作与合作。通过跨国界的资源整合和优势互补，各国可以实现更高效的生产和服务交付。

在几十年前，拉姆·查兰的这种模式还不为外界所熟悉，连小众都算不上，简直就是全球独一份。即便是在当前，超级个体也仅限于极端少数的个例，大部分靠流量生存的人并不能独自撑起一项业务。不过，这种局面会随着全球数字化协作模式的持续深入而逐渐破冰，未来的"超级个体"会越来越多，而"超级个体"必然是属于全球的，需要依靠全球服务模式扩大自己的影响范围。

一些能够围绕"超级个体"建立独立商业模式的行业，会最先感受到"超级个体"带来的红利。例如，拉姆·查兰所在的顶级咨询业务领域，已经有业内预言称，未来的顶级咨询业务必然会走向"超级个体模式＋全球服务模式"，未来中国的顶级咨询业务也将向这样的模式进化。

"超级个体模式＋全球服务模式"汇集了个体创造力和创新能力，推动了创业浪潮和新兴产业的发展；也调动了人才、技术和资本更自由地流动，促进了全球经济的发展。总体而言，以顶级咨询业务为代表的高端服务领域将不可避免地开启全球化运营模式，这也是未来商业模式的一个强势变种。

总的来说，超级个体模式和全球服务模式代表了个人和全球经济的两种不同发展路径。超级个体模式强调个体的创造力和个性化发展，而全球服务模式则强调国际合作和资源整合。未来，随着科技的进一步演进和全

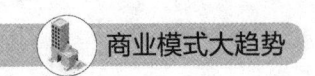

球化的深化，这两种模式必将会有更深度的融合，共同推动经济社会的进步与繁荣。

多地栖息决定跨边定价战略

随着数字化时代的到来，各种建立在数字基础上的概念流行了起来，本节我们要介绍一个疫情期间开始被认可的概念——数字游民。

数字游民的英文说法是 Digital Nomad，是一种依靠远程工作、在线市场和互联网技术，实现工作与生活自由切换的新型生活方式。没有互联网，则不可能产生这种工作方式，没有疫情三年的助推，这种工作模式的成型还需要一些时间。但不论是什么原因，如今的数字游民已经正式形成了，且逐渐成了被羡慕的对象，因为他们可以自由地安排生活和工作，既能到处走走，又能保证收入，这种貌似理想的生活图景，让这个群体镀上一层浪漫化的色彩。

2020年开始的新冠疫情加速了远程办公模式的成熟，有更多的人加入到这个群体中。据不完全统计，目前全球数字游民的数量已经超过3000万人。不只在中国，在世界各地，数字游民也变成了一种年轻人追逐的生活方式。

晚于数字游民概念诞生的，但对数字游民概念的形成起到提升作用的概念是地缘套利。数字游民实践自身生活方式的重要策略，即它充分利用不同地域的资源、环境和政策等差异，通过迁移或共享来实现经济效益和生活的平衡。因为数字游民没有了地理局限性，工作不再造成限制，工作时间和工作地点都由自己说了算，因此数字游民可以更加自由地选择生活的城市。数字游民可以利用各种在线工具和软件，在家办公、移动办公，避开高成本、高压力的主要工作城市，到消费水平较低或生活环境更为幽静的地方生活，一进一出之间就形成了地缘套利。地缘套利模式的主要实践方法有以下六点。

（1）时差优势。在全球化的今天，时差已经不再是沟通的障碍。数字游民们利用时差，在合适的时间区进行工作，不仅可以避免在工作高峰期产生的时间冲突，还能充分利用不同地域的劳动力成本差异，降低工作成本。

（2）共享假期。这是一种在朋友或家庭之间共享度假屋或租赁度假屋的方式。数字游民可以利用这一方式，在生活成本较低的地区度假，同时也能保持与主要工作区域的联系。

（3）利用税收政策。不同国家和地区的税收政策存在差异，有些地区对数字游民有特别的税收优惠政策。数字游民可以利用这些政策，降低个人所得税，提高实际收入。

（4）利用教育资源。一些国家和地区对教育资源的投入较大，对数字游民的在线教育有一定的优惠。数字游民可以利用在线教育资源，学习新的技能和知识，提高自身的竞争力。

（5）利用健康保险。一些国家的健康保险政策相对灵活，对境外人士有一定的保障。数字游民可以利用这些政策，在全球范围内寻找适合的医疗资源，保障自己的健康。

（6）寻找共享办公空间。在全球化的网络环境下，共享办公空间成为可能。数字游民可以在不同的城市或国家寻找适合的共享办公空间，以适应自己的工作需求。

随着互联网技术的不断发展，个人地缘套利模式将更加成熟和完善。数字游民的生活方式也将更加多元化和自由化，同时，随着各个国家和地区对远程工作和数字游民的政策支持，这一生活方式将更加普及。

以上的地缘套利只是对于个人而言，如果是企业的地缘套利，是指利用不同地域之间的差异来获取利润的一种策略。通常，小企业因为自身竞争实力弱，更易借助地缘套利模式扩大企业利润率。以下是一些小企业可能利用的地缘套利机会。

（1）原材料价格差异。不同地区的原材料价格可能存在差异，小企业可以通过在价格较低的地区购买原材料，然后在价格较高的地区销售产品来获取利润。

（2）劳动力成本差异。不同地区的劳动力成本可能存在差异，小企业可以通过在劳动力成本较低的地区设立工厂或雇用员工，然后在劳动力成本较高的地区销售产品来获取利润。

（3）市场需求的差异。不同地区的市场需求可能存在差异，小企业可以通过在市场需求较低的地区生产产品，然后在市场需求较高的地区销售产品来获取利润。

（4）政策法规的差异。不同地区的政策法规存在差异，小企业可以通过在政策法规较为宽松的地区注册公司或开展业务，然后在政策法规较为严格的地区开展业务来获取利润。

需要注意的是，小企业在利用地缘套利机会时，需要了解相关法律法规和政策，确保合法合规经营。同时，还需要关注不同地域之间的文化差异和消费者需求差异，以适应市场需求，提升企业的竞争力。

既然企业会借助地缘套利模式实现利益提升，就会涉及多地栖息的问题。比如，在这里生产，在那里销售，再在另一个地方售后，这种情况都是很常见的。因此，多地栖息就是一个企业同时在多个地方进行经营，企业需要考虑如何在不同地方制定不同的价格策略。这种策略通常被称为"跨边定价战略"，是指企业在不同群体之间制定不同的价格策略，以实现平台生态圈的平衡和稳定。多地栖息对跨边定价战略的影响主要体现在以下几个方面。

（1）市场需求差异。企业需要根据不同地方的需求情况制定不同的价格策略，以吸引更多的用户。

（2）竞争环境差异。企业需要根据不同地方的竞争情况制定不同的价格策略，以保持竞争优势。

（3）政策法规差异。企业需要根据不同地方的法律法规制定不同的价格策略，以符合当地法律法规的要求。

（4）用户群体差异。企业需要根据不同地方用户的群体特点制定不同的价格策略，以吸引更多的用户。

综上所述，多地栖息对跨边定价战略的影响主要体现在市场需求、竞争环境、政策法规和用户群体等方面。因此，企业需要根据不同地方的实际情况制定不同的价格策略，以实现平台生态圈的平衡和稳定。

小企业的智能数据平台模式

随着信息时代的发展，数据已经成为企业发展的重要资源之一。对于大型企业而言，建立智能数据平台早已成为常态，但对于小企业来说，如何构建适合自身情况的智能数据平台模式则成了一个挑战。

小企业的智能数据平台模式应当具备以下几个特点。

（1）简化集成。考虑到小企业的资源有限，智能数据平台应具备简单易用的集成接口，以便能够快速地与企业现有的数据源和系统进行连接，实现数据的无缝流通。

（2）弹性扩展。模式应具备弹性扩展的能力，随着企业的发展，能够方便地添加新的功能模块和数据处理能力，以满足不断变化的业务需求。

（3）自动化分析。平台应该具备自动化的数据分析功能，能够根据企业的数据特点，自动识别并分析有价值的信息，为决策提供有力支持。

（4）数据安全。模式应提供严格的安全机制，确保数据在传输、存储和处理过程中得到充分保护，防范潜在的风险。

（5）成本效益。小企业通常资源有限，模式应具备较低的成本，既要能够满足业务需求，又要保持合理的投入产出比。

当小企业具备了上述特点且缺一不可后，才能进一步探讨适用于小企业的智能数据平台模式的实施策略。具体方法有如下六个步骤。

第1步，需求分析。小企业需要明确自身的业务需求和数据特点，确定需要收集和分析的数据类型，以便构建合适的智能数据平台。

第2步，技术选型。根据需求分析，选择适合的数据处理和分析技术，可以考虑使用云计算、大数据处理等先进技术，以提高平台的性能和效率。

第3步，数据整合。将企业现有的数据源整合到平台中，确保数据的一致性和准确性，为后续的分析工作打下基础。

第4步，自主分析。配置平台，使其能够根据预设的规则和模型，自动进行数据分析和挖掘，提取有价值的信息，为决策提供参考。

第5步，安全保障。采取安全措施，加密传输数据，设置权限控制，定期进行安全检查，确保数据不受损害。

第6步，持续优化。根据实际使用情况，不断优化平台性能，添加新

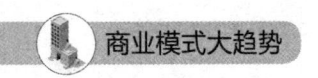

功能，提高数据分析的准确性和效率。

综上所述，小企业在构建智能数据平台模式时需要考虑平台的特点和实施策略，以实现数据的高效管理和智能分析，为企业发展提供有力支持。通过合理的规划和实施，小企业可以借助智能数据平台模式实现更加精准的决策，推动业务的持续增长。

但仅仅满足上述五个特点和六个步骤，仍不能确保百分之百地开启智能数据平台模式，或者即便开启了也难以贯彻到底，智能数据平台是已经开启便不能停下的模式，否则就会陷入与老模式不兼容，与新模式不管用的失败处境中。正因为如此，需要做好关于数据专精和企业关系网扩展的两项工作，下面就来详细讨论这两方面的内容。

（1）垂直数据专精解决方案。数据定义和规划是垂直数据专精解决方案的起始步骤。包括确定要收集的数据类型、数据来源和数据格式，以及如何使用这些数据。必须对业务需求进行深入了解，确定需要的数据类型和来源，例如客户数据、销售数据、库存数据等。

数据模型设计是垂直数据专精解决方案的核心步骤。根据企业的业务需求，设计出最适合的数据模型。并通过专业团队（内部培养或外部聘用）根据数据类型和数据关系，创建适当的表格和字段，以捕获和组织企业的数据。

数据采集和整合是垂直数据专精解决方案的关键步骤。从指定的数据源中采集数据，然后将其整合到一个统一的数据库中。这个环节须确保所有数据都准确、完整且符合相关法规。

数据存储和管理是垂直数据专精解决方案的重要步骤。应使用最先进的数据存储技术,例如云存储和分布式文件系统,以确保数据安全、可靠且易于访问。并将实施最佳实践,例如数据备份和恢复策略,以确保数据不会丢失或损坏。

数据质量和清洗是垂直数据专精解决方案的结束步骤。该环节的目的是确保数据的准确性和可靠性,包括检查数据的完整性、一致性、准确性和时效性。建议使用自动化工具和手动方法相结合的方式进行清洗和纠正数据。

数据分析和挖掘是垂直数据专精解决方案的衍生步骤。具体操作时应使用最先进的数据分析和挖掘技术,从数据中获取有价值的洞察和见解。还可利用统计方法、机器学习算法和其他技术,对数据进行深入挖掘,以发现趋势、模式和关联性。如有必要还可根据业务需求,创建定制报告和分析模型。

数据可视化和展示是垂直数据专精解决方案的备用步骤。根据企业需求将数据可视化和展示在交互式报告、图表和仪表板中。并确保数据可视化易于理解,能够直观地传达信息,并帮助企业在决策过程中更好地利用数据。

综上所述,垂直数据专精解决方案将帮助企业从数据中获取最大的价值,以推动业务决策和发展。通常垂直数据专精解决方案更像是"一站式服务"，从数据定义和规划到数据可视化和展示，全面满足企业的业务需求，为企业的智能数据平台模式的建设打下了坚实的基础。

（2）企业关系网从单边到多边。在当今全球化和数字化的背景下，企业之间的关系网正在经历从单边到多边的重要转变。这一变化不仅影响了企业之间的互动模式，还塑造了商业生态系统和市场格局。

单边关系网阶段。在过去，企业之间的关系通常呈现为单边模式，其中一家企业与其他企业之间建立单一的连接。这种关系模式强调一方在关系中的主导地位，资源和信息流向较为集中，企业之间的互动较为有限。

双边关系网阶段。随着市场变化和竞争加剧，企业开始逐渐转向双边关系网模式。这意味着企业之间建立更加紧密的伙伴关系，强调互利合作和信息共享，以实现双方的共同利益。

多边关系网阶段。随着数字技术的发展和全球化程度的提高，企业关系网进一步演变为多边模式。多边关系网突破了双边关系的限制，使得多个企业可以在同一个网络中相互连接，共同构建更加复杂和互动密切的商业生态系统。

从单边到双边再到多边的驱动因素是源于互联网、云计算、物联网、区块链、人工智能等数字技术的兴起，使得企业能够更便捷地与多个伙伴进行连接和协作，促进了多边关系网的形成。同时，全球化的供应链使得企业需要与来自不同地区的供应商、分销商和合作伙伴进行更密切的互动，多边关系网能够更好地满足这种复杂性。

企业在多边关系网中能够更轻松地共享知识、经验，并能充分利用外部资源，包括技术、专业知识和市场渠道，进行更加广泛且深入的合作与创新，有利于推动新产品、服务和业务模式的发展，有助于提高创新能力和应对激烈的市场竞争。

通过与多个合作伙伴建立联系，企业可以降低依赖单一伙伴所带来的风险，从而更好地应对市场波动和不确定性。通过多边关系网，企业能够扩大其在市场中的影响力，与更多的合作伙伴建立联系，从而在行业中获得更大的话语权。

随着数字技术的不断发展和全球化程度的提高，企业关系网的多边模式将进一步得到强化。企业应积极借助多边关系网的优势，与多个合作伙伴建立紧密的联系，将企业的关系网价值拉升到最高，借此推动创新、实现资源优化和增强市场竞争力。

因此，企业关系网从单边到多边的转变是数字化和全球化趋势的产物，它受到数字技术的推动和市场需求的驱动，对于企业的智能数据平台模式的建成有着至关重要的作用。只有在多边关系网模式不断加强、促进创新、降低风险的情况下，企业的智能数据平台才能健康发展，并持续增长与繁荣。

这种增长与繁荣带来的最明显的价值链接就是用户社区模式的实现。用户社区模式不仅有助于增强客户忠诚度，还能促进企业品牌影响力的扩大，能够提供有价值的反馈和创新意见。

建立起自己的用户社区模式是企业提升客户忠诚度、获取有价值反馈、促进创新和传播品牌价值的有效途径。通过积极参与用户社区，企业不仅可以与用户建立更紧密的联系，还可以辐射到关系网中的其他企业，更可以通过垂直数据专精方案将普遍性关系升级为恒等关系，从而实现业务的持续增长和发展。

手艺人、世家经济和全球化营销

作为文明的传承人和发扬者，手艺人历来被人们尊重和敬仰。但随着社会的发展、科技的不断进步，曾经为社会进步和发展作出重要贡献的老手艺都面临失传的危机，甚至有一些精湛的技艺已经失传了，曾经的匠心匠气正逐渐远离现代人，但手艺人的聪明才智和坚韧不拔的精神不应该被遗忘。

在科技发展日新月异的今天，我们惊讶地发现，与"老"相伴的匠心匠气又重新成了这个时代大力推崇的品质，也正是这个时代在流水线里慢慢失掉的精神。逐渐地一些已经失传和濒临失传的老手艺被人们重新认识和认可，越来越多的人参与到拯救老手艺的"战斗"中。老手艺不仅被列入世界非物质文化遗产，还进入了现代人的心中。

如今各大网络平台上，凡是关于真正的老手艺传承的视频，都引来海潮般的观看、点赞、收藏风潮。例如，仅哔哩哔哩平台上的相关热门账号就有很多，其中账号名为"彭南科"的是我的最爱，他的视频全部是关于各种老手艺的，制作工艺也都是遵循古法，不惜时间、不惜精力，制作出来的东西就是比现代的高科技更具有观赏性和保存价值，同时，使用价值也丝毫不减弱，甚至一些利用古法制作出来的商品质量远远超过当代。

记得一期视频内容是制作印泥的，介绍是这样写的："水浸不烂，火烧留痕，冬不凝固，夏不走油，一方朱红，千年国色，东方印泥！"试问，以现代的科学技术制作出来的印泥具有这样强悍的实用效果吗？之所以能制作出来这样冠绝天下的印泥，完全是因为智慧和时间的凝结。第一步挂藕丝就堪称美轮美奂，阴干藕丝需要一年以上，晒蓖麻油需要五年以上，反复捣碎漂洗朱砂然后阴干，再加入麝香、黄金粉、藏红花、龙脑、犀黄粉、珍珠粉，这些材料均按克称重，捣碎后加入阴干的朱砂粉中继续搅拌，将晒好的蓖麻油一点点加入朱砂粉中不断地搅拌，再加入阴干后的藕丝继续搅拌，搅拌好后暴晒七日，再放置阴凉处三个月，终成顶级印泥，如此就达到了介绍的那种境界。

不得不感叹，古人是怎么想到的啊！老手艺人的人生过得很慢，慢到只能做好一件事，不知不觉中便花了快一辈子的时间。这才是真正的奢侈品，奢侈到一个民族文化的最深处。

如今全国像这样的传统手艺的坚守者还有很多，比如弓箭工艺传承人、竹编工艺传承人、油纸伞工艺传承人、蜡染工艺传承人、狮头彩扎制作技艺传承人、艾条制作技艺传承人、"斑铜"工艺技艺传承人、黑陶制作技艺传承人……并且，年青的一代也逐渐加入进来，他们既是传统的手艺人，更是时代的手艺人。

但是，时代毕竟是前行了，老手艺是必须保留传承的，但也不能只是为了传承而传承，还要将老手艺接入全球化营销模式中，让老手艺的家族文化升级为世家经济模式，以经营企业的方式将老手艺传承下去。

很多老手艺人已经感受到了科技的力量，虽然他们不能将现代科技融入传统技艺中，更不可能让科技"狠活儿"毁掉匠心匠气，但他们可以将现代科技与现代商业思维融入传播和推广老手艺中，借助流量和品牌的威力让更多的人看到和认可老手艺。就像哔哩哔哩平台上的"彭南科"，精心制作着每一样东西，借助平台让越来越多的人看到老手艺的精妙绝伦。

世家经济模式将老手艺视为最宝贵的财富，不仅要代代相传，还注重技艺的不断提升。这种坚持传统的经营模式为消费者提供了具有历史价值和文化底蕴的产品。为了能持续吸引关注，世家经济模式必须在与用户的长期合作中建立稳定的信任关系。由于产品的特殊性和独特性，这些用户往往愿意支付与老手艺价值相应的价格，从而保证了世家经济的稳定收益。

企业贵大，更贵久。以老手艺为核心的世家经济模式很好地诠释了这一点，即在充分利用传统手工艺价值的同时，强调了文化传承和产品品质。

第九章　大企业和小企业全球布局的共生模式

企业的价值取决于生态位

几年前在阅读一篇文章时，对一句话的记忆非常深刻：企业的价值取决于其在生态位中的地位和作用。

企业作为现代商业世界的核心，其价值不仅仅体现在财务数据和市场份额上，更在于其在商业生态系统中所占据的生态位。

生态位，是指在一个生态系统中，不同生物种群通过资源的分配和利用来维持自身生存和繁衍的一种角色或地位。衍生到企业经营方面，生态位则是指一个企业在生态系统中所处的位置以及它与其他企业之间的联系和相互作用。

在生态系统中，企业可以扮演不同的角色，例如生产者、消费者、分解者等，这些角色对于企业的价值具有不同的影响。一个企业在生态系统中扮演的角色越重要，其对整个生态系统的贡献就越大，其价值也就越大。例如，对于一些处于关键位置的企业，如电力公司、金融机构等，其价值可能比其他企业更高，因为它们在生态系统中的作用更加重要。

如果一个企业能够与其他企业建立紧密的合作关系，形成稳定的生态群落，那么这个企业的价值也可能更高。因此，企业的价值取决于生态位，取决于它在生态系统中所处的位置，以及它与其他企业之间的联系和相互作用。

由此可知，企业与生态位的关系是成正比的，生态位站位越好，企业的发展也就越好。一句话，生态位对了，一切就对了。这就要求企业在和平台共生时，要考虑到企业在结构中的位置，有些位置应有尽有，有些位置一无所有。只有找到自己的生态位并发挥其作用，才能实现其价值的最大化。

生态位之所以对企业如此重要，我们需要展开来讲，主要有以下三点其他任何方面都无能替代的作用，会对企业发展有极深远和强大的支撑力。

（1）生态位影响企业的创造和提供的价值就像生态系统中的生物依赖特定的资源和环境条件，企业也需要在特定的市场环境中生存和繁荣。企业需要适应市场需求的变化，创新产品和服务，以保持竞争力。

一个企业能否在市场中占据有利的生态位，直接关系到它能否为顾客提供有价值的解决方案，从而创造收入和利润。

（2）生态位与企业在商业生态系统中存在的合作和竞争关系类似于生

态系统中不同物种之间的相互作用，企业也需要与其他企业进行合作或竞争，以实现更大的价值。合作可以带来资源共享、互补优势和创新能力的增强。竞争则可以促使企业不断改进，以求在竞争中脱颖而出。

一个企业如何与其他企业建立合作伙伴关系，以及如何在竞争中保持竞争优势，直接影响着其在商业生态系统中的地位和价值。

（3）生态位与企业的社会责任和可持续发展紧密相连，类似于生态系统中的生物需要保持环境的平衡和稳定，企业也需要在社会、环境和经济方面承担责任，以确保可持续的发展。

在现代社会，越来越多的消费者、投资者和监管机构关注企业的可持续性表现。企业如果能在这方面取得较高的生态位，将能够吸引更多的人才、资源和投资，从而增强其长期价值。

综上所述，企业的价值确实取决于其在商业生态系统中的生态位。类似于生态系统中的生物需要适应资源分配和相互作用，企业也需要在市场中适应变化，与其他企业合作或竞争，并承担社会责任，以实现持续的成功和发展。通过合理把握自身在商业生态系统中的生态位，企业能够创造更多的价值，影响更广泛的利益相关者，实现可持续的繁荣。

商业模式大趋势

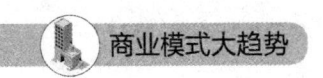

未来属于去中心化的超级生态平台

问：鉴于未来大企业和小企业全球布局的共生模式，建立在未来科技基础上的互联网会朝着什么方向发展？而建立在未来互联网基础上的商业模式又会向着什么方向发展？

当前互联网的发展趋势已经向去中心化的超级生态平台方向大踏步前进了，并且顶级平台已经基本实现了。这种平台将由许多独立的、可互操作的组件组成，每个组件都可以自由组合和拆卸，类似于乐高积木。

平台没有一个集中的控制点，每个组件都是平等的参与者，具有自主决策和互操作的权利，避免了中心化平台的单点故障和集中控制的问题；平台将提供丰富的、可重复使用的组件，可以根据需求进行组合和拆卸，以构建各种应用和解决方案，降低开发成本，提高开发效率；平台将遵循开放标准和开放协议，保证其组件和平台本身可以被第三方开发者和企业自由访问、扩展和修改，促进了平台的创新和生态系统的繁荣；平台将采用模块化的设计，将功能划分为多个独立的模块，每个模块负责实现特定的功能，提高了代码的可维护性和可复用性；平台将支持智能合约的执行，使得在去中心化的环境下可以实现各种商业和社会行为的自动化和可信化，提高交易效率，推动去中心化经济的发展。

上述对互联网超级生态平台的结构性解读，同样适用于对未来商业模式的超级生态平台化。去中心化的超级生态平台将具有巨大的潜力，它可以支持各种行业和场景的应用，包括金融、医疗、教育、物流等。这种平台将促进开放、透明、协作和创新，为整个社会带来巨大的价值。

去中心化的超级生态平台是一个将多个应用、服务和社区连接在一起的数字生态系统，无须中间商和中心化的控制机构。这种平台基于区块链技术，通过智能合约实现去中心化自治，确保各方的权益得到保障，同时消除了单点故障的风险。这种架构使得数据和价值可以在安全和透明的环境中流通，促进了合作和创新。

未来，去中心化超级生态平台将在各个领域发挥重要作用。在金融领域，它可以提供无须信任的跨境支付和金融服务，减少了传统金融体系的摩擦成本。在供应链领域，这种平台可以实现全程透明的物流追踪，减少造假和欺诈。在医疗健康领域，去中心化的健康档案平台可以让患者更好地掌握自己的健康数据，同时为医疗研究提供更多可信和有价值的信息。

去中心化超级生态平台也将推动社会经济的转型。它有助于降低中间环节的成本，提升资源的利用效率，进而促进经济的可持续增长。与此同时，这种平台也为创业者和开发者提供了更开放的创新环境，激发了更多有创意的解决方案的涌现。

任何一项商业新模式的诞生都必然会面临一系列前所未见的挑战。去中心化超级生态平台的实现也是如此，例如技术的不稳定性、法律法规的不明确以及安全性的风险等，其中尤以安全性风险最为复杂。因为去中心化的特性，平台上的治理和决策可能会变得复杂，安全性往往随着复杂度的提升而提升。

于是，未来在打造去中心化超级生态平台的同时，也需要同时实现"智能化分配系统带动企业去信任化的共生发展"。

传统商业合作中常常需要建立信任关系，而这种信任是基于人际关系和监管机构的，容易受到主观因素和中介机构的制约。智能化分配系统依赖于先进的技术，如区块链、人工智能和物联网，以实现资源高效分配、信息共享和合作协调，同时利用区块链技术的不可篡改性和智能合约的执行能力，建立了可靠的去中心化信任机制。这意味着合作伙伴可以放心地依赖系统的自动化分配、跟踪和结算，无须再依赖第三方的审计和监管，实现了企业间的去信任化合作。

系统中的数据和交易记录被记录在不可篡改的区块链上，所有参与者都可以随时查看和验证。例如，在供应链管理中，供应商、制造商和分销商可以实时了解库存和交付情况，减少误解和纠纷。

通过数据分析和预测，系统可以更准确地预测市场需求和资源供应，使企业能够更快速地做出策略调整。系统的智能合约功能可以自动执行合作协议，避免出现人为错误和纰漏。

通过充分发挥智能化分配系统的优势，企业将能够在信任问题不再成为制约因素的前提下，实现更加可持续的共生发展。

综上所述，未来的发展属于去中心化的超级生态平台。它将成为各个领域的变革推动者，重塑着我们的经济和社会。

占据一个生态位模式

通过本章一开始的介绍，我们已经明白了企业生态位的概念，也知道企业的价值大小取决于在生态系统中所处的位置，以及它与其他企业之间的联系和相互作用。

既然生态位是一种竞争的本质，那么企业就应该努力占据一个有利的生态位，这有助于企业在市场竞争中取得优势，更好地适应市场变化，保持持续的竞争力。占据有利的生态位还可以帮助企业更好地整合资源，包括人才、技术、资金等，从而更有效地满足市场需求。这些资源能帮助企业更容易发现并把握创新机会，推出新产品、服务或业务模式。同时，占据有利的生态位可以促使企业与其他企业展开合作，共同开发新的解决方案，从而提供更多价值。

要占据一个有利的生态位，企业需要进行市场分析、竞争对手研究、客户需求调查等，以确定适合自身的定位和策略。更为关键的是，企业要不断创新和适应，以保持其在生态系统中的优势地位。

生态平台是一个多元化、相互依存的生态系统，能够为各方参与者创造价值，实现共同繁荣。企业若要长期占据有利的生态位，需要将自己发展成为对于生态平台不可替代的物种，制造生态位上的稀缺。

企业作为生态平台的核心，能够汇聚各种资源和能力，促进不同组织之间的合作与创新。通过与供应商、合作伙伴以及其他利益相关者的紧密合作，企业可以共同开发新产品、服务和解决方案，满足市场需求。例如，互联网科技公司可以与开发者社区合作，共同打造创新的应用生态系统，从而实现双赢局面。

企业作为生态平台的重要组成部分，有助于推动可持续发展和社会责任。通过与环保组织、社区团体等合作，企业可以共同致力于环境保护、资源回收利用等可持续发展目标。此外，积极参与公益活动和社会项目，有助于提升企业形象，树立良好的社会声誉。

成为生态平台的不可替代物种，可以带来持续的创新和竞争优势。通过与外部合作伙伴共享知识、技术和资源，企业可以更好地应对市场的变化和挑战。这种开放式创新模式能够缩短产品研发周期，提高市场反应速度，从而在竞争激烈的市场中保持领先地位。

要实现成为生态平台的不可替代物种，企业需要注重以下四个关键因素。

（1）开放式合作与共享。积极与外部合作伙伴合作，共享资源、知识和技术，促进创新和共同成长。

（2）多元化生态系统建设。构建多元化的合作伙伴网络，包括供应商、客户、合作伙伴、创业者等，形成良好的生态系统。

（3）社会责任与可持续发展。积极参与社会公益事业，推动可持续发展，树立正面企业形象。

（4）创新驱动和学习文化。鼓励创新思维、持续学习和改进动力，在企业内部形成持续创新和持续学习的文化氛围。

生态位低成本平替模式

埃隆·马斯克是当今举世瞩目的大人物，他造车，造火箭，造电池，收购推特，29岁和好友创业时决定要去火星，身为全球首富却没有固定房产住在朋友家中，这一系列神操作直接震碎人们的三观——他成功的秘诀是：

非常规想法，非常规操作，非常规成果。

在埃隆·马斯克开始搞火箭之前，谁能想到一个没有任何国家背景的民间企业能够进行航天工业。没有人相信他会成功，现在我们知道马斯克造火箭成功了，也实现了第一次人类太空旅游，但他也确实距离失败只有一步之遥。

2008年8月，火箭第三次发射失败，公司资金耗尽，就在正常思维下认为必须止步的时候，狂人马斯克和团队选择了继续，以"不成功便成仁"的态度用仅剩的零件组装好最后一枚火箭，进行第四次发射。

2008年9月28日，"猎鹰1号"火箭成功发射！之后，世界上的人都改变了"只有国家行为才能搞航天事业"的观念。

如今，SpaceX正在以不可思议的速度进行着技术更新，突破了很多技术难题，实现了之前认为好多年后才能实现的航天壮举。无疑，马斯克和他的SpaceX都成功了，就在很多人都在预测马斯克的银行账户又将多出多少钱，世界首富的位置能保持多久时，马斯克却不在意这样的成功，因为这太肤浅了，他在意的是试图从地球飞向宇宙，且要实现廉价飞行。

能廉价到什么程度呢？降低20%？50%？70%？90%？不，马斯克的答案是无限低，在某些组成部件上，SpaceX甚至做到了降价999‰。

按照传统的航天业的标准，火箭的航天电子系统造价通常超过1000万美元。马斯克的工程师们建造出了"龙"飞船计算机系统。其组件采用了现有的计算机设备和马斯克公司自己研发的产品，成本是1万多美元。

神一样的降幅，在马斯克看来，没有什么是不可能的。

2023年6月14日，埃隆·马斯克在推特上表示，该公司计划在未来6~8周内再次尝试发射一艘名为"星舰"的飞船。这是继4月20日第一次测试失败后，该公司进行的第二次尝试。

这次发射具有更多的期望和重要性，因为它继续向廉价迈进着。星际飞船火箭采用可回收设计，单次发射成本仅约200万美元。这种火箭能够承载高达100吨的低轨道运载能力，可以将每公斤有效载荷发射入轨成本降低到惊人的10美元。这意味着在未来，航天产业的成本将大大降低，而且在商业利润方面也会有很大的提升。

这里为什么要花费大篇幅讲述马斯克和他的SpaceX火箭呢？因为马斯克在一个曾被认为永远不可能廉价的领域实现了廉价，这是一件堪称伟大的事情。实际上，这种低成本的航天运输也已经被证明是非常有前途的，极大扩展了航天探索的范围。已经有更多的公司和机构参与到太空探索中来，这将促进该领域的创新和发展。但是，后来者对于SpaceX只能是追赶的地位，领先N个身位的SpaceX在航空航天领域已经成功地用生态位低成本平替模式打下了只属于自己的段位。

简要概括SpaceX，即在超级生态平台上找到一个位置，用新方案的低成本平替旧方案的高成本。

生态位低成本平替模式，顾名思义，是企业在发展过程中，通过优化资源配置和合理规划，实现低成本运营的同时，不断在市场生态中寻求替代和升级。采用生态位的低成本平替模式的企业可以通过提供低成本的产品或服务来占领某个生态位，从而获得市场份额和竞争优势。

因此，生态位低成本平替模式是一种战略选择，旨在通过寻找低成本的替代品来占领某个生态位。这种战略可以帮助企业在竞争激烈的市场中获得成功，同时也可以为消费者提供更加物美价廉的产品或服务。这种战略主要基于以下两个原则。

（1）某个生态位上存在没有被占领的需求，而这种需求可以通过低成本的替代品来满足。

（2）采用低成本平替模式的企业的能力与某个生态位的要求相匹配，并且可以在低成本的情况下提供满足该生态位需求的产品或服务。

生态位低成本平替模式作为一种新型的商业策略，逐渐受到企业的关注和探索。这种模式强调在资源有限的情况下，通过创新和变革，实现在市场上的竞争优势。

在实施生态位低成本平替模式时，企业首先需要深入了解自身的资源结构和市场定位。通过精准的定位，企业可以避免盲目跟风，选择与自身优势相符的领域进行投资和开发。其次，企业需要不断优化资源配置，降低运营成本。这可以通过提高生产效率、优化供应链、降低人力成本等方式实现。同时，企业还应积极寻求替代品或升级方案，保持产品和服务的竞争力，抢占市场份额。

一些成功的企业已经在实践中证明了生态位低成本平替模式的可行性。例如，某电子消费品企业在生产过程中采用了先进的自动化设备，大幅提高了生产效率，降低了人力成本。与此同时，该企业积极拓展可持续发展领域，推出了环保型产品，赢得了消费者的青睐，实现了市场份额的稳步增长。

总而言之，生态位低成本平替模式是一种有潜力的商业策略，可以帮助企业在资源有限的情况下实现低成本运营，并在市场中不断寻求替代和升级的机会。通过深入了解市场需求、优化资源配置和保持创新，企业可以有效地在竞争中脱颖而出，实现可持续发展。

小企业的全球跟随战略

几年前，韩国电影《寄生虫》火爆大荧幕，斩获第72届戛纳电影节金棕榈大奖。电影讲述了一个来自社会底层的家庭，通过各种诈骗手段取代富人家庭里的家庭教师、女佣与司机，最终"寄生"于富人的故事。

电影情节直指社会现实与人性，揭示了"在贫富差距巨大的社会背景下，穷人唯有穷尽伎俩寄生于富人之下才能得以苟活的现象"。在这部电影所引发的热议里面，绝大部分都在讨论社会的不合理现象，而实际情况是，商业领域也时时上演着"寄生"故事。只是商业领域的寄生较社会现象的寄生并不可耻，只是一种小企业的全球跟随战略的具体实施。

蒙牛企业于1999年创立于呼和浩特，在当时的中国乳业排名在100名以外，是没有奶源、没有厂房、没有市场的"三无"品牌。而彼时的内蒙古乳品企业有数百家，其中以伊利集团最广为人知，别说和伊利竞争，就是和其他品牌竞争，蒙牛也基本毫无胜算。牛根生要求负责市场宣传方面的副总，在只有100万元宣传费的情况下，要一夜之间，让呼市人都知道。

副总领到了一个几乎不可能完成的任务，但他却完成了，真的只用100万元就让蒙牛几乎一夜成名，他的成功方式就是"寄生"。蒙牛在路边竖起的第一块广告牌上写着：做内蒙古第二品牌。

第一品牌是伊利，蒙牛要做的不是和伊利竞争，而是借伊利飞升，从这一刻开始，蒙牛所有的宣传口号都围绕着"寄生伊利"进行。蒙牛宣传册上印着"千里草原腾起伊利集团、蒙牛乳业……我们为内蒙古喝彩"；在蒙牛冰激凌的包装上写着"为民族工业争气，向伊利学习"。

虽然当时的蒙牛无论从历史、地位和规模上都不足以和以伊利为首的知名品牌相提并论，然而将自己和伊利放在一起，消费者会天然地认为，蒙牛和伊利一样，都是大品牌。正是依靠"寄生"策略，蒙牛迅速打开知名度，用时不到一年就做到了"做内蒙古第二品牌"的口号。

如果我们把企业视为生物种群，不同种类的企业与企业之间就像生物种群之间，必然会存在竞争或淘汰关系，也必然会存在寄生或共生关系。这是生物多样性选择的结果，也是企业不同生存之道的经验积累。

如果你认为蒙牛的这种"寄生"只是一种表面的品牌效应借用，算不上真正"寄生"在伊利身上生长，蒙牛的后续发展都是靠自己一步一个脚印拼出来的。这样的理解很有道理，毕竟寄生是需要全面嫁靠于其他企业，但蒙牛的品牌效应"寄生"在当时已经是非常先进的经营模式了，在当时绝对算得上是着眼于未来的经营模式。

在如今的超级生态平台的经营模式下，小企业必须完全"寄生"在大企业或平台生态之上，才有机会生存下来，也才有可能发展出自己的生态体系。

随着互联网技术的不断崛起，智能手机的大范围普及，各类短视频平台的涌现与生态化，普通人依靠平台成就自己的一番事业已经不是幻想了，无数的逆袭案例早让大家明白了网红的价值，尤其是头部网红的顶流效应。

直播带货由蓝海迅速发展为红海，就是人们对于网红文化的最好回应，越来越多的人想挤进去，依靠抖音、快手、淘宝、微信公众号等大平台的流量效应，实现自己的人生突破。有直播界常青树之称的"疯狂小杨哥"，现在风光无限，曾经只是一个农村小伙子，他依靠在短视频平台的巨大能量，将自己做成了个人粉丝数最多的头部达人之一，并且成立了自己的三只羊公司。如今"疯狂小杨哥"在 TikTok 上的粉丝是 9999 万+，如果不是受规则限制，其粉丝数量早已显示过亿。

在走向专业和精细化运营之后，属于"疯狂小杨哥"的直播带货之路才踏上正轨。引入外部资本力量，疯狂小杨哥团队的运营能力又上了一个台阶。如今跟随 TikTok 出海的"疯狂小杨哥"再次印证了跨境电商不仅热度不减，还成了红人出海必抢占的趋势。

2022 年，由罗永浩联合创立的"交个朋友"，也借势 TikTok 出海，寻求继续增长的机会。"交个朋友"的海外负责人曾表示，出海第一站选的也是印度尼西亚，因为印度尼西亚市场是 TikTok 做得最好的市场。

2022 年 7 月下旬，新东方传出要去 TikTok 上做直播电商，并招聘 TikTok 主播，主要面向欧美市场，不少离职员工都收到了招聘邀请，势头直指 TikTok 直播。

直播带货已经成为这个时代不可或缺的"内容"，而制造各类劲爆内容的主播们都必须"寄生"于平台生态之上。可以说，没有平台的主播是无法发展出流量的，更无法出海。而没有主播的平台也无法生存，正是二者的相互成全，才能感受到"核爆"之后到处都能看到它的冲击波。

截至 2022 年 12 月，TikTok 月活用户数量突破 13 亿，成为继谷歌、Facebook 之后的全球第三大流量池。除了已开通的国家和市场，TikTok 今年还会将新增 12 个站点。可见，TikTok 的商业化还远没有释放，还在一个高速增长的过程中，TikTok 的目标很明确，布局全球市场的跨境电商。因此，想在 TikTok 上做好电商，就得跟着它的规则走，包括去接受它的不完善，因为 TikTok 面对的是一系列文化背景、消费习惯复杂，且电商基础设施匮乏的市场。

综上所述，寄生模式是小企业能够生存发展非常重要的一种经营模式，既能从更大、更稳定的企业那里获得资源和市场份额，也无须承担相应的风险和责任。较传统的寄生模式是小企业与大型超市合作的关系。小企业通常租用超市内的店铺，以更低的租金获得高流量的客户。小企业能够分享超市的知名度和客户基础，从而吸引更多顾客。然而，在互联网时代，这种寄生模式已经走向没落，连大超市都在被淘汰的序列中了。更符合时代发展的是在线平台和第三方卖家的合作。小企业在电商平台上开设店铺，借助平台的流量和用户基础销售产品。小企业能够避免自己建立品牌和吸引客户的高成本和高风险，而是依赖平台的声誉和用户信任。

寄生模式是一种小企业在竞争激烈的商业环境中寻找生存和发展机会的全球化跟随战略。它可以为小企业带来依靠独立发展所无法获得的好处，但小企业在选择合作平台时须保持警惕，谨慎权衡利弊，以确保自身的可持续发展。

在万物透明时代站着赚钱

随着数字技术的迅速发展，数据已经成为21世纪的一种重要资源。然而，围绕着数据的产权问题引发了广泛的讨论。数据私人产权化，是指将个人或企业拥有的数据视为私人财产，赋予其类似于物理财产的产权和控制权。这一概念引发了众多争议，涉及隐私、创新、公平等多个方面。

支持者认为，数据私人产权化有助于激励个人和企业投入更多资源来收集、处理和保护数据。他们认为，只有当数据的所有者能够从中获得经济利益时，他们才会更积极地参与数据创造和分享。这种激励机制可以推动创新，促进数据市场的繁荣，有助于经济的增长。

然而，反对者则担心数据私人产权化可能导致数据的垄断，加剧不平等。他们指出，数据本身常常涉及多方共同创造，将其私有化可能妨碍了信息的共享和合作。此外，数据的私人产权化也可能进一步侵犯个人的隐私权，使个人数据被商业化和滥用。

另一个值得关注的问题是，数据本身的特殊性。与传统物理财产不同，数据可以被轻松地复制和传播，这给产权界定和保护带来了挑战。如果数据被视为私人财产，如何防止未经授权地复制和使用，以及如何维护产权的可行性都是需要解决的问题。

在许多国家，数据保护法和隐私法已经设立了一定的框架，以平衡数据的合法使用和个人隐私的保护。一些国家也在探索创新的数据共享和利用模式，以在保护隐私的前提下推动数据的有效利用。

因此，数据私人产权化虽然有一些潜在的好处，但也伴随着复杂的挑战和风险。在推进数据产权模式的同时，需要综合考虑隐私保护、公平竞争和创新等多个因素，以寻求一种能够平衡各方利益的解决方案。但是，数字时代已经来临，数据作为资产已经是不争的事实，"产生一流数据能力的人，就是拥有一流资产的人"，这样的认知逐渐深入人心。

正是因为数字时代的来临，使得数字化得到了最广泛且最快速的普及，未来还将以几何倍速扩大影响，我们已经步入了"万物透明"的时代。在这个时代，几乎一切都可以被轻松获取、共享和传播，企业的行为和决策也难以藏匿。在这种环境下，企业不仅需要追求利润，还必须以道德和社会责任为基准，站在合法、合规和可持续的立场上赚钱。

企业的形象和声誉在今天的市场中占据着极其重要的位置。消费者不仅关注产品的质量和价格，更关心企业是否遵循道德标准，是否关心环境、社会和人权等议题。苹果公司作为全球知名科技巨头，不仅以创新和高品质产品著称，还在环保、可再生能源等方面进行了积极的努力，以提升企业的社会责任形象。

在透明的时代，企业的供应链、生产过程和环境影响无处不在。消费者和投资者越来越关注企业是否采取可持续的经营模式，以减少对环境的负面影响。丰田汽车积极推动混合动力和电动汽车技术，不仅满足了市场对环保型车辆的需求，还为公司在可持续性领域树立了标杆。

在万物透明的时代，任何违法行为都可能被曝光，给企业带来巨大的法律和声誉风险。例如，大型金融机构在全球金融危机后因违规行为而受到巨额罚款处罚，这严重损害了他们的声誉和可持续发展。因此，企业必须以合法和合规经营为前提，建立健全的内部控制体系，确保企业的每一步行动都是在法律框架内进行的。

同时，社会责任也成了企业在透明时代的核心。企业应该在赚钱的同时，积极回馈社会，改善社会问题。谷歌公司通过"谷歌基金会"支持教育、环保和医疗等领域的项目，以促进社会的可持续发展。

在万物透明的时代，企业的商业模式和经营理念都必须面对更高的标准和要求。消费者和社会越来越关注企业的道德行为、社会责任和可持续性表现。只有那些能够站在这些价值观的基础上赚钱的企业，才能够在竞争激烈的市场中长期生存和发展。因此，企业必须不仅关注利润，还要注重社会责任，确保其行为和决策能够为社会带来积极影响，赢得消费者的信任和尊重。

后记

下雨时，每一滴水会如何从各自滴落的地方最终汇入大海，因路线太过漫长而无从了解。但是，我们一定知道雨滴的流向，因为有重力，所以必然向下，也必然由高向低流淌。类似于必然产生的"重力"，商业趋势也是必然的，总体趋势一定能够预知。

面对这样的"重力"，我们是有选择的。面向未来，一定会有新的技术出现，我们可以选择想要新技术以什么样的形式出现，也就是说，"到底出现什么"是我们可以选择的。

随着科技的不断演进，传统产业将融合创新技术，构建更具弹性和可持续性的模式。共享经济将继续扮演重要角色，连接供需双方，提高资源利用效率，提供个性化、定制化的服务，增强客户黏性。

随着人工智能和大数据的应用，预测性商业模式将得以加强，帮助企业更准确地洞察市场需求，优化运营决策。绿色可持续发展也将引领新的商业范式，推动环保、社会责任等价值的融入。

总之，之前的所有经济模式都是为资本聚集服务的；未来的经济模式是以分配为核心重新架构化的，生产关系随着数字智能化时代的发展，正在发生巨变。

　　忘掉过往，忘掉恐惧，忘掉牵绊，点燃一根希望的蜡烛，照亮必然会到来的未来商业模式，照亮我们必然要适应的新环境。